U0532159

精装珍藏版

大师国学课

国学篇

季羡林 等著

中国经济出版社
CHINA ECONOMIC PUBLISHING HOUSE
·北京·

图书在版编目（CIP）数据

大师国学课：精装珍藏版. 国学篇／季羡林等著.
北京：中国经济出版社，2024.8. --（中国文化经典大师说）. -- ISBN 978-7-5136-7864-3

Ⅰ.Z126-49

中国国家版本馆 CIP 数据核字第 2024AZ6473 号

责任编辑　张　丽
责任印制　马小宾
封面设计　平　平

出版发行	中国经济出版社
印 刷 者	北京鑫益晖印刷有限公司
经 销 者	各地新华书店
开　　本	880mm×1230mm　1/32
印　　张	8.5
字　　数	190 千字
版　　次	2024 年 9 月第 1 版
印　　次	2024 年 9 月第 1 次印刷
定　　价	68.00 元

广告经营许可证　京西工商广字第 8179 号

中国经济出版社 网址http://epc.sinopec.com/epc/ 社址 北京市东城区安定门外大街58号 邮编100011
本版图书如存在印装质量问题，请与本社销售中心联系调换（联系电话：010-57512564）

版权所有　盗版必究（举报电话：010-57512600）
国家版权局反盗版举报中心（举报电话：12390）　　服务热线：010-57512564

我们站立在高高的山巅，化身为一望无边的远景，
化成面前的广漠的平原，化成平原上交错的蹊径。
哪条路，哪道水，没有关联，
哪阵风，哪片云，没有呼应；
我们走过的城市、山川，都化成了我们的生命。
……
我们随着风吹，随着水流，
化成平原上交错的蹊径，化成蹊径上行人的生命。

——冯至

编者的话

这是一套面向年轻读者普及优秀国学文化的简明读本,涵盖中国传统文化各个方面,分为八册:国学篇、哲学篇、历史篇、美学篇、国文篇、读书与做人篇、诗词鉴赏篇、文字学启蒙篇。

本系列图书力求从前辈文化大师的经典文章中撷取精华,帮助读者在各个方面对中国文化有一个框架化的认识,并将大师们最富活力和创造力的知识与人生智慧应用于现代读者的日常生活、工作和学习之中。

更重要的是,这套书将带领读者穿越时间的阻隔,接续悠久而厚重的文明脉络,探寻中国人的文化基因,领略优雅、博大、充满思辨精神和生命智慧的传统文化之美……

因写作和出版时代较为久远,本书所选篇目中的一些遣词造句、古今人名、地名、译名等与现代通行出版规范有所不同,一些语法表述及标点符号的使用也有些微差异,为照顾现代读者的阅读体验,在编辑过程中有所改动,正文中不再注明,请读者予以谅解。

需要特别说明的是,本书所选作品,我们已经尽可能一一获取著作权。如存在因疏漏未取得著作权的情况,敬请相关权利人与我们联系,以便我们寄奉稿酬,并致谢忱!

目录 CONTENTS

001/ 国学常识

003　国学漫谈——季羡林

008　略说中国传统文化及其特点——季羡林

013　对国学研究的几点看法——季羡林

015　国学的本体——章太炎

021　所谓国学——曹伯韩

023　国学的分科——曹伯韩

025　国学的派别——曹伯韩

028　治国学的方法——章太炎

039/ 经典常谈

041　我与《论语》——罗　庸

049　《论语》与《孙子兵法》——季羡林

051　庄　子——闻一多

068　《诗经》——朱自清

074　志在《春秋》——南怀瑾

080　诸　子——朱自清

091　《礼》——朱自清

096　《战国策》——朱自清

101　中西文化之融合——李宗吾

121　孟子论立身出处的原则——南怀瑾

126　老子之学说——王国维

135　老　子——钱　穆

144 门外议儒家——金克木

152 读《大学》——金克木

168 历史文化的重心·公天下——南怀瑾

171 《易传》与《中庸》——钱 穆

189 五行、八卦——冯友兰

197/ 诗话千秋

199 宫体诗的自赎——闻一多

212 类书与诗——闻一多

221 历代书法家及其作品——李叔同

251 唐之传奇文——鲁 迅

257 《儒林外史》取材的来源——季羡林

261 书画琴棋诗酒花——南怀瑾

国学常识

国学漫谈

季羡林

《国学，在燕园又悄然兴起》一文在国内外一部分人中引起了轰动。据我个人看到的一些内地报纸和香港的报纸，据我收到的一些读者来信看，读者们是热诚赞成文章的精神的。

想要具体的例证，那可以说是俯拾即是。前不久，我曾就东方文化和国学做过一次报告。一位青年同志写了一篇"侧记"，叙述这一次报告的情况。读者如有兴趣，可以参阅。我因为是当事人，有独特的感触，所以不避啰唆之嫌，在这里对那天的情况再讲上几句。

那是一个阴雨连绵的晚间，天气已颇有寒意。报告定在晚上7时。我毫无自信，事先劝同学们找一个不太大的教室，能容下一百人就行了。我是有私心的，害怕人少，讲者孑然坐在讲台上，面子不好看。然而他们坚持找电教大楼的报告大厅，能容下四百人。完全出乎我意料，不但座无虚席，而且还有不少人站在那里，或坐在台阶上，都在静静地谛听，整个大厅里鸦雀无声。我这个年届耄耋的世故老人，内心十分激动，眼泪在眼睛里打转。据说,有人下午五点半就去占了座位。面对这样一群英姿勃发的青年,我心里一阵阵热浪翻滚,笔墨语言都是形容不出来的。

海外不是有一些人纷纷扬扬说北大学生不念书,很难对付吗?上面这现象又怎样解释呢?人世间有果必有因。上面说的这种情况也必有其原因。我经过思考,想用两句话来回答:顺乎人心,应乎潮流。

我们中华民族拥有五千年的光辉灿烂的文化,对人类做出了卓越的贡献。很难想象,世界上如果缺少了中华文化会是什么样子。前几年,弘扬中华优秀文化的号召一经提出,立即受到了国内外炎黄子孙的热烈拥护。原因何在呢?这个号召说到了人们的心坎上。弘扬什么呢?怎样来弘扬呢?这就需要认真地研究。我们的文化五色杂陈,头绪万端。我们要像韩愈说的那样,"沉浸浓郁,含英咀华",经过这样细细品味、认真分析的工作,把其中的精华寻找出来,然后结合具体情况,从而发扬光大之,以期有利于中国人民和世界人民的前进与发展。"国学"就是专门做这件工作的一门学问。

旧版《辞源》上说:"国学,一国所固有之学术也。"话虽简短朴实,然而却说到了点子上。七八十年以来,这个名词已为大家所接受。除了"脑袋里有一只鸟"的人(借用德国现成的话),大概不会再就这个名词吹毛求疵。如果有人有兴趣有工夫去探讨这个词的来源,那是他自己的事,我无权反对。

国学绝不是"发思古之幽情"。表面上它是研究过去的文化的,因此过去有一些学者使用"国故"这样一个词。但是,实际上，它既与过去有密切联系，又与现在甚至将来有密切联系。现在我们不是都谈建设有中国特色的社会主义吗？什么叫"特色"？特色表现在什么地方？我曾反复思考过这个问题。我觉得，科技对我们国家建设来说，对发展生产力来说，是非常重要的，是万万不能缺少的。但是，科技却很难表现出什么特色。你就是在原子能、电脑、宇宙飞船等尖端科技方面，有突出的成就，超过了世界先进国家，同其他国家比较起来，也只能是程度的差别、水平的差别，谈不上什么特色。我姑且称这些东西为"硬件"。硬件的本质都是一样的，没有什么特色可言。

特色最容易表现在精神文化方面，我姑且称之为"软件"，哲学、宗教、文学、艺术、伦理、道德、经营、管理等都属于这个范畴。这些东西也是能够交流的，所谓"固有"并不排除交流，这个道理属于常识范围。以上这些学问基本上都保留在我们所说的"国学"中。其中有不少的东西可以说是中华文化、中华智慧的结晶，直至今日，不但对中国人发挥影响，它的光辉也照到了国外去。

最近听一位国家教委的领导说，他在新德里时亲耳听到印度总统引用中国《管子》关于"十年树木，百年树人"的话，在巴基斯坦他也听到巴基斯坦总理引用中国古书中的话，足证中华智慧已深入世界人民之心。这是我们中国人应该感到骄傲的。所有这一些中国智慧都明白无误地表露了中国的特色。它产生于中国的过去，却影响了中国和世界的今天，连将来也会受到影响。事实已经证明，连外国人都会承认这一点的。

国学的作用还不就到此为止，它还能激发我们整个中华民族的爱国热情。"爱国主义"是一个好词,没听到有人反对过。但是,我总觉得,爱国主义有真伪之分。在历史上,被压迫被侵略的民族,为了自己的生存与尊严,不惜洒热血、抛头颅,奋抗顽敌,伸张正义。这是真爱国主义。反之,压迫别人、侵略别人的民族,有时候也高呼爱国主义,然而却不惜灭绝别的民族。这样的"爱国主义"是欺骗自己人民的口号,是蒙蔽别国人民的幌子。它实际上是极端民族沙文主义的遮羞布。例子不用举太远的,近代的德、意、日法西斯主义就是这一类货色。这是伪爱国主义。

中国的爱国主义怎样呢?它在主体上是属于真爱国主义范畴的。有历史为证,不管我们在漫长的封建时期内,"天朝大国"的口号喊得多么响,事实上我国始终有外来的侵略者,主要来自北方,先后有匈奴、突厥、辽、金等。今天,这些民族基本上都成了中华民族的组成部分;但在当时只能说是敌对者,我们不能否定历史的本来面目。在历史上,连一些雄才大略的开国君主也难以逃避耻辱。刘邦曾被困于平城,李渊曾称臣于突厥,这是最明显的例子。我们也不能说,中国过去没有主动地侵略别人过,这情况也是有过的,但不是主流,主流是中国始终受到外来的威胁。正是由于这个原因,我们中国人民敬仰、歌颂许多爱国者,如岳飞、文天祥、史可法等都是。一直到今天,爱国主义,真正的爱国主义,始终左右我们民族的心灵。

我常说,北京大学的优良传统之一,就是爱国主义,我这一说法得到了许多人的赞同。探讨和分析中国爱国主义的来龙去脉,弘扬爱国主义思想,激发爱国主义热情,是我们今天"国学"的重要任务。国学的任务可能还可以举出一些来,以上三大项,我认为,已充分说明其重要性了。我上面说到"顺乎人心,应乎潮流"。我现在所谈的就是"人心",就是"潮流"。我没有可能对所有的人都调查一番。我所说的"人心",可能有点局限。但是,一滴水中可以见宇宙,从燕园来推测全国,不见得没有基础。

我最近颇接触了一些青年学生。我发现,他们是很肯动脑筋的一代新人。有几个人告诉我,他们感到迷惘。这并不是坏事,这说明他们正在那里寻觅祛除迷惘的东西,正在那里动脑筋。他们成立了许多社团,有的名称极怪,什么"吠陀",什么"禅学",这一类名词都用上了。也许正在燕园悄然兴起的"国学",正投了他们之所好,顺了他们的心。否则怎样来解释我在本文开头时说的那种情况呢?中国古话说:"得道多助,失道寡助。"顺应人心和潮流的就是"道"。

但是,正如对人世间的万事万物一样,对国学也有不同的看法。提倡国学要有点勇气,这话是我说出来的。我可万万没有想到,今天半路上竟杀出来一个程咬金,在小报上写文章嘲讽国学研究,大扣帽子。不知国学究竟于他何害,我百思不得其解。无独有偶,北师大古籍研究所编纂《全元文》,按说这工作有百利而无一弊,然而竟也有人想全面否定。我觉得,有这些不同意见也无妨。国学,弘扬中华优秀文化,既然是顺乎人心,应乎潮流的事业,必然会发展下去的。

略说中国传统文化及其特点

季羡林

说在中国传统文化的宝库中,中国传统道德是最重要的一部分内容,这话完全正确。因为从世界各国来看,像中国这样几千年如一日重视伦理道德的国家还没有第二个。什么叫中国传统道德?或者说中国传统道德有哪些内容呢?这个问题很复杂,每个人的回答可能都不一样。我讲讲自己的看法,我想这里面起码应包括这么几部分内容。

第一,正如我的老师——清华大学陈寅恪教授曾经说过的,《白虎通》当中的"三纲六纪"是中国文化的精华。什么叫"三纲"呢?就是君臣、父子、夫妇。他讲的当然是君为臣纲,父为子纲,夫为妻纲。这里边有糟粕,如夫妻应该是平等的,怎么男人成了女人的纲了呢?这个我们先不讲它。"六纪",一是诸父,就是父亲的兄弟姊妹;二是兄弟;三是族人;四是诸舅,就是母亲家的人;五是师长;六是朋友。他说,这"三纲六纪"是中国文化的中心,我看他的话很有道理。因为人类自有社会以来,必然要有一种规则来维系,不然的话社会就会乱七八糟。现在马路上为什么要有交通警察？为什么要有红绿灯？这就是一种规则，一种规章制度，要求大家都来遵守，这样社会生活才能进行。要是没有这些规则，社会生活就不能进行。《白虎通》的"三纲六纪"，把当时社会所有的人际关系都规定了。

第二，我们的文化还有一个提法，是我们的特点，就是"格、致、正、诚、修、齐、治、平"。意思就是格物、致知、正心、诚意、修身、齐家、治国、平天下八个步骤。先从自己开始格物，就是了解事物，了解以后致知，把规律找出来，正心、诚意就不用讲了，修身就是修自己，然后齐家，把家治好，然后再治国，治国以后是平天下，就是从个人内心一直到天下。那么，什么叫国，什么叫天下呢？在周代来讲，像齐国、燕国、郑国等国是国，天下则指整个周代的中国。现在像中国、日本叫国，天下就是世界。个人要从内心出发，正心、诚意，一直推到治国、平天下。这套系统的步骤，属于伦理道德范畴，也属于政治范畴，是其他任何国家所没有的。

第三，"礼义廉耻，国之四维"。就是说，礼义廉耻是国家的四个支柱。除了这个提法外，古人还提出了"孝悌忠信，礼义廉耻"等说法，意思都差不多。

上述三个方面是古代伦理道德最先、最主要的内容。懂得了这三个方面的内容，大体就了解了中国伦理道德最基本的内容。我们的道德伦理又全面又有体系，其他的内容当然就多了，需要写一部中国伦理学史来阐述。

中国传统道德是中国传统文化当中最精华的内容，它在世界人类文明遗产中的特殊性非常之明显。为什么这么说呢？因为世界上任何国家，从古希腊一直到古印度，尽管每个国家都有自己的道德规范，每个民族都有自己的道德规范，可是内容这么全面、年代这么久远、涉及面这么广泛的道德规范，在全世界来看，中国是唯一的。现在中国周围这些国家，像日本、韩国、越南等，有一个名词叫汉文化圈，属于汉文化圈的国家基本上都受我国的影响。

我们一向讲中国是四大文明古国之一。现在我们的考古发现越多，就越证明我们的历史长久。随着考古学的不断进步，我估计将来考古发现不但有夏、有禹，一定还会有更古的尧、舜，还要往上发展。总而言之，我的看法是考古发现越多，我们的历史越长。这是从形成的历史时间看。

那么从具体内容上看，我们民族的特点就更明显了。

比如"孝"这个概念，"三纲五常"里面都有。除了中国以外，全世界各国都没有这么具体。何以证之呢？可以看一看欧洲现在社会的情况跟我们作比较。当然现在青年人也不像以前那样愚忠愚孝，"割肉疗母"我们也不提倡，可是就拿眼前来讲，我们中国的青年人还比世界各国的要孝得多，虽然程度不如以前了。我是研究语言的，有件事很有意思：把"孝"这个词翻译为英语，用一个词翻译不出来，得用两个词。什么原因呢？因为虽然不能说外国没有孝，但是孝并非一个很重要的概念，所以译过去就得用两个词。在英文里面是两个什么词呢？就是儿女的"虔诚"与"尊敬"，而在中文中光一个"孝"字就够了。这就说明"孝"这个字有中国的特点。

我认为中国伦理道德中有两点值得提倡，第一点是讲气节、骨气。一个人要有骨头。我们现在不是还讲解放军"硬骨头六连"吗？文章也讲风骨。骨头本来是讲一种生理的东西，用到人身上，就是指人要讲气节。孟子就讲富贵不能淫，贫贱不能移，威武不能屈，此之谓大丈夫。富贵我们也不怕，贫贱我们也不怕，威武我们也不怕，这在别的国家是没有的。就是说作为一个人，我有我的人格，顶天立地，不管你多大的官，多么有钱，你做得不对我照样不买你的账。

例子很多。《三国演义》里有个祢衡敢骂曹操，不怕他能杀人。近代的章太炎，他就敢在袁世凯住进中南海称帝时，到中南海新华门前骂袁称帝。这种骨气别的国家也不提倡。"骨气"这个词也不好译，翻成英文也得用两个词：道德的"反抗的力量"或者"不屈不挠的力量"。我们用一个"气节""骨气"，多么简洁明了。

我们中国的小说中，随便看看，都有像祢衡这样的人。我们为什么崇拜包公？就是因为他威武不能屈。皇帝掌握生杀大权，但皇帝做错了包公照样不买账；达官显贵虽然有钱有势，包公也照样不买账。这种品行外国是不提倡的。我常对年轻人讲，不仅在国内要有人格，不能一见钱就什么都不讲了，出国也要有国格，不能忘记自己是中国人，不能忘记国格。

第二点是爱国主义。世界上真正提倡爱国主义的是中国。比如苏武北海牧羊而气节不改的故事，连小孩都知道。写《满江红》的抗金英雄岳飞，他的爱国精神更是历代传颂，后人在杭州西湖边专给他盖了一座庙。又如文天祥，谁都知道他的名言"人生自古谁无死，留取丹心照汗青"，全国都有他的祠堂。近代、现代的爱国英雄也多得很，如抗日战争中的张自忠、佟麟阁，等等。

当然，我们讲爱国主义要分场合，例如抗日战争里，我们中国喊爱国主义是好词，因为我们是正义的，是被侵略、被压迫的。压迫别人、侵略别人、屠杀别人的"爱国主义"是假的，是军国主义、法西斯。所以我们讲爱国主义要讲两点：一是我们绝不侵略别人，二是我们绝不让别人侵略。这样爱国主义就与国际主义、与气节联系上了。

关于中国传统道德在世界文明史中的地位问题，我想最好先举例来说明。大家都知道《歌德谈话录》这本书，在1827年1月30日歌德与埃克曼的谈话录中，歌德说，我今天看了一本中国的书：《好逑传》。中国人了不起，在中国人眼中，人跟宇宙合二为一（这是我这几年宣传的人与大自然和谐），男女谈情说爱，相互彬彬有礼，那么和谐、和睦，这个境界我们西方没有。

可以说，《好逑传》在中国文学史上最多与《今古奇观》处在一个水平上，甚至中国文学史也不会写它。可是传到欧洲，当时欧洲文化的第一代表人歌德却大加赞美。但他是有根据的。虽然我国这类才子佳人题材的小说有些理想化，像《西厢记》。但是在当时的西方文化泰斗看来，起码中国作者心中的境界是很高的。歌德指出的这一点不是很值得我们回味吗？

我认为，从世界文化的发展趋向看，中国文化包括中国道德的精华，在21世纪的将来，会在人类精神文明的发展中发挥更重要的作用。这是我所期望的。

对国学研究的几点看法

季羡林

祝贺《国学研究》第二期出版。

想谈几点意见：第一，前不久接到吴江同志的信，附有他在上海《文汇报》上发表的关于国学问题的文章。接着我就接到了上海《文汇报》直接给我的信，要求我参加国学问题的讨论。我都还没有答复。如果答复的话，我就会说，我不参加讨论，也不赞成讨论。像国学这样的题目，难以讨论。想给国学下个定义，永远也不会有结果，永远也不会有大家都同意的定义。社会科学同自然科学不一样，定义很难下。与其在下定义上下功夫，莫如切切实实地读一些书，切切实实地思考一些问题。根据自己的认识去钻研、去探讨，有了心得，就成文成书。这比争定义、说空话要好得多。

第二，学术与政治的关系问题。这是一个老掉牙的问题。我们过去讨论了几十年，有人也吃过苦头，现在不必谈了。但是，最近几年来，我逐渐觉悟到，二者之间实有密切的联系。我举一个具体的例子。对于王梵志的诗，中外敦煌学研究者颇不乏人。

个别的中国学者研究成果发表后，其他国家的学者很不满意，准备组织班子，汇集文章，大张旗鼓地加以批评或者批判。后来项楚先生的《王梵志诗校注》及时出版了。那个国家的学者一经读到，大为叹服，于是宣布解散班子，停止批判。如果项书不出，批判的结果一发表，不怀好意者就会立即同中华人民共和国挂上钩。这样一来，一个学术问题立即变成政治问题。因此，在今天世界上，学术实在脱不开政治。我们时刻想到这一点，会促使我们更加努力，更加小心翼翼。不管我们研究的是国学的哪一个部门，我们都必须认识到学术与爱国主义的关系，绝不能掉以轻心。

第三，关于 21 世纪将是东方文化占统治地位的世纪。国外也有一些有识之士有这样的主张。我在最近几年来写过长长短短的几篇文章，宣扬这种看法。特别是东方文化中"天人合一"的思想，我认为是中国对人类杰出的贡献。在香山饭店的一次国际学术研讨会上，我做过一个很短的发言，题目就是《只有东方文化能拯救人类》。我对此点深信不疑。

但是，这是一个极大的题目，而且涉及未来的 21 世纪。原来我也同别人争辩过。现在我的做法变了。我想到中国过去有一个近视眼猜匾上的字的笑话。一个近视眼说，匾上是什么什么字。但是此时匾还没挂出来。21 世纪就是一个还没有挂出来的匾，匾上的字是什么，谁也说不准。如果有人愿意猜，那是可以的，每个人都有这个权利。但是不必争辩，争辩是徒劳的。

我们最好学一学京剧《三岔口》，每个人耍自己的枪刀，但谁也碰不着谁。

国学的本体

章太炎

国学很不容易讲，有的也实在不能讲，必须自己用心去读去看。即如历史，本是不能讲的，古人已说"一部十七史从何处说起"，现在更有二十四史，不止十七史了。即便《通鉴》（即《资治通鉴》，下同。编者注）等书似乎稍简要一点，但还是不能讲；如果只像说大书那般铺排些事实，或讲些事实夹些论断，也没甚意义。所以这些书都靠自己用心去看。我讲国学，只能指示些门径和矫正些近人易犯的毛病。

一、经史非神话

在古代书籍中，原有些记载是神话，若《山海经》《淮南子》中所载，我们看了，觉得是怪诞极了。但此类神话，在王充《论衡》里已有不少被他看破，没有存在的余地了。而且正经正史中本没有那些话。如盘古开天辟地，天皇、地皇、人皇等，正史都不载。又如"女娲炼石补天""后羿射日"那种神话，正史里也都没有。经史所载，虽在极小部分中还含神秘的意味，大体并没神奇怪离的论调。并且，这极小部分的神秘记载，也许使我们得到有理的解释：

《诗经》记后稷的诞生，颇似可怪。因据《尔雅》所释"履帝武敏"，说是他的母亲，足蹈了上帝的拇指得孕的。但经毛公注释，训帝为皇帝，就等于平常的事实了。

《史记·高帝本纪》说高祖之父太公，雷雨中至大泽，见神龙附其母之身，遂生高祖。这不知是太公捏造这话来骗人，还是高祖自造。即使太公真正看见如此，我想其中也可假托。记得湖北曾有一件奸杀案：一个奸夫和奸妇密议，得一巧法，在雷雨当中，奸夫装成雷公怪形，从屋脊而下，活活地把本夫打杀。高祖的事，也许是如此。他母亲和人私通，奸夫饰作龙怪的样儿，太公自然不敢进去了。

从前有人常疑古代圣帝贤王都属假托；即如《尧典》所说"钦明文思安安……克明俊德"等话，有人很怀疑，以为那个时候的社会，哪得有像这样的完人。我想：古代史家叙太古的事，不能详叙事实，往往只用几句极混统的话作"考语"，这种考语原最容易言过其实。譬如今人作行述，遇着没有事迹可记的人，每只用几句极好的考语；《尧典》中所载，也不过是一种"考语"，事实虽不全如此，也未必全不如此。

《禹贡》记大禹治水，八年告成。日本有一博士，他说："后世凿小小的运河，尚须数十年或数百年才告成功，他治这么大的水，哪得如此快？"因此，也疑禹贡只是一种奇迹。我却以为大禹治水，他不过督其成，自有各部分工去做；如果要亲身去，就游历一周，也不能，何况凿成！在那时人民同受水患，都有切身的苦痛，免不得合力去做，所以"经之营之，不日成之"了。《禹贡》记各土地腴瘠情形，也不过依报告录出，并不必由大禹亲自调查的。

太史公作《五帝本纪》，择其言尤雅驯者，可见他述的确实。我们再翻看经史中，却也没载盘古、三皇的事，所以经史并非神话。

其他经史以外的书，若《竹书纪年》《穆天子传》，确有可疑者在。但《竹书纪年》今存者为明代伪托本，可存而不论，《穆天子传》也不在正经正史之列，不能以此混彼。后世人往往以古书稍有疑点，遂全目以为伪，这是错了！

二、经典诸子非宗教

经典诸子中有说及道德的，有说及哲学的，却未曾说及宗教。近代人因为佛经及耶教的圣经都是宗教，就把国学里的"经"，也混为一解，实是大误。"佛经""圣经"的那个"经"字，是后人翻译时随意引用，并不和"经"字原意相符。经字原意只是一经一纬的经，即一根线，所谓经书只是一种线装书罢了。明代有线装书的名目，即别于那种一页一页散着的八股文墨卷，因为墨卷没有保存的价值，别的就称作线装书了。古代记事书于简，不及百名者书于方，事多一简不能尽，遂连数简以记之。这连各简的线，就是"经"。可见"经"不过是当代记述较多而常要翻阅的几部书罢了。非但没含宗教的意味，就是汉时训"经"为"常道"，也非本意。后世疑"经"是经天纬地之"经"，其实只言"经"而不言"天"，便已不是"经天"的意义了。

中国自古即薄于宗教思想，此因中国人都重视政治。周时诸学者已好谈政治，差不多在任何书上都见他们政治的主张。这也是环境的关系：中国土地辽广，统治的方法急待研究，比不得欧西地小国多，没感觉困难。印度土地也大，但内部实分着许多小邦，所以他们的宗教易于发达。中国人多以全力着眼政治，所以对宗教很冷淡。

老子很反对宗教，他说："以道莅天下，其鬼不神。"孔子对于宗教，也反对；他虽于祭祀等事很注意，但我们品味"祭神如神在"的"如"字的意思，他已明白告诉我们是没有神的。《礼记》一书很考究祭祀，这书却又出自汉代，未必是可靠。

祀天地社稷，古代人君确是遵行，然自天子以下，就没有与祭的身份。须知宗教是须普及于一般人的，耶稣教的上帝，是给一般人膜拜的；中国古时所谓天，所谓上帝，非人君不能拜；根本上已非宗教了。

九流十家中，墨家讲天、鬼，阴阳家说阴阳生克，确含宗教的臭味，但墨子所谓天，阴阳家所谓"龙""虎"，却也和宗教相去很远。

就上讨论，我们可以断定经典诸子非宗教。

三、历史非小说传奇

后世的历史，因为辞采不丰美，描写不入神，大家以为是纪实的；对于古史，若《史记》《汉书》，以其叙述和描写的关系，引起许多人的怀疑。

《刺客列传》记荆轲刺秦王事,《项羽本纪》记项羽垓下之败,真是活灵活现。大家看了,以为事实上未必如此,太史公并未眼见,也不过如《水浒传》里说武松、宋江,信手写去罢了。实则太史公作史择雅去疑,慎之又慎。像伯夷、叔齐的事,曾经孔子讲及,所以他替二人作传。那许由、务光之流,就缺而不录了。项羽、荆轲的事迹,昭昭在人耳目,太史公虽没亲见,但传说很多,他就可凭着那传说写出了。

《史记》中详记武略,原不止项羽一人;但若夏侯婴、周勃、灌婴等传,对于他们的战功,只书得某城,斩首若干级,升什么官,竟像记一笔账似的,这也因没有特别的传说,只将报告记了一番就算了。如果太史公有意伪述,那么《刺客列传》除荆轲外,行刺的情形,只曹沫、专诸还有些叙述,豫让、聂政等竟完全略过,这是什么道理呢?《水浒传》有一百零八个好汉,所以施耐庵不能个个描摹,《刺客列传》只五个人,难道太史公不能逐人描写吗?这都因荆轲行刺的情形有传说可凭,别人没有,所以如此的。

"商山四皓"一事,有人以为四个老人哪里能够使高祖这样听从,《史记》所载未必是实。但须知一件事情的成功,往往为多数人所合力做成,而史家常在甲传中归功于甲,在乙传中又归功于乙。汉惠免废,商山四皓也是有功者,所以在《留侯世家》中如此说,并无可疑。

史书原多可疑的地方,但并非像小说那样的虚构。如刘知几《史通》曾疑更始刮席事为不确,因为更始起自草泽时,已有英雄气概,何至为众所拥立时,竟羞惧不敢仰视而以指刮席呢?这大概是光武一方面诬蔑更始的话。又如史书写王莽竟写得同呆子一般，这样愚呆的人怎能篡汉？这也是汉室中兴对于王莽当然特别贬斥。这种以成败论人的习气，史家在所难免，但并非像小说的虚构。

　　考《汉书·艺文志》已列小说于各家之一，但那只是县志之类，如所谓《周考》《周纪》者。最早是见于《庄子》，有"饰小说以于县令"一语；这所谓小说，却又指那时的小政客不能游说六国侯王，只能在地方官前说几句本地方的话。这都和后世小说不同。刘宋时有《世说新语》一书，所记多为风趣的魏晋人的言行，但和正史不同的地方，只时日多颠倒处，事实并非虚构。唐人始多笔记小说，且有因爱憎而特加揄扬或贬抑者，去事实稍远。《新唐书》因《旧唐书》所记事实不详备，多采取此等笔记。但司马温公（即司马光）作《通鉴》对于此等事实必由各方面搜罗证据，见有可疑者即删去，可见作史是极慎重其事的。

　　最和现在小说相近的是宋代的《宣和遗事》，彼记宋徽宗游李师师家，写得非常生动，又有宋江等三十六人，大约《水浒传》即脱胎于此书。古书中全属虚构者也非没有，但多专记神仙鬼怪，如唐人所辑《太平广记》之类，这与《聊斋志异》相当，非《水浒传》可比，而且正史中也向不采取。所以正史中虽有些叙事很生动的地方，但绝与小说传奇不同。

所谓国学

曹伯韩

国学这个名词发生于清末,但不知究竟是谁所创造。有人说,章炳麟(太炎)在日本组织"国学讲习会",刘师培(申叔)氏也有"国学保存会"的发起,大概他们就是国学两个字的最初使用者。这是不是正确,不得而知。我们知道的是,国学这个名词,是因为欧美学术输入才产生的。它的范围,是把西学输入以前中国原有的全部学术包括进去的。

和国学相当的名词,还有国粹和国故。国粹两个字,似乎有点夸大中国学术乃完全精粹物的意思,又似乎有点选择精粹部分而抛弃其他部分的意思,所以人们觉得不甚妥当,改称国故。国故,就是本国文献的意思。不论精粹不精粹,过去的文献总是宝贵的史料,都可包括在国故范围里面,这样看起来,国故这个名词总算是公平而完备了。但它也有它的缺点,就是只能够代表研究的对象,而不能代表研究这种对象的学问,因此大家又想起用国故学的名称来代替它,最后又简化而称为国学。

可是这个名称还不是十分合理的,因为学术没有国界,当代各国都没有特殊的国学,而我们所谓国学,从内容上看,也就是哲学、文学、史学,等等的东西,都是可以作为世界学术的一部分的,而且事实上外国也已经有研究我国古代文化的人了,我们为什么不采取世界公用的名称,如中国史、中国文化史、中国哲学史、中国文学史等类的名词呢?而且对于具有种种内容的学术,为什么不加以个别的名称而必须采用笼统的总名称呢?这都是值得考虑的。

但我们为了依从习惯,并且因为中国各科学术还没有整理清楚,和世界学术融合为一,只得仍旧采用国学这个名称。

国学的分科

曹伯韩

中国学术向来无所谓分科的,一般儒者都是以万能博士自命,他们常说"一物不知,儒者之耻",所以那些学者的全集里面,也有诗词歌赋的文学作品,也有评论史事的论文,也有代圣贤立言的经书注疏,可说对整个学术范围内的各方面都有所贡献。但就个人的才性及用力的浅深说,本来不能不有所偏至,所以一些有名的学人仍然只能以一种专长著名,如朱熹以理学著名,李白以诗著名,人们决不会指朱熹为诗人,指李白为理学家。

所以事实上,国学仍然是分了部门的。

曾国藩把学术分成"义理"(即性理之学或理学)、"考据"(即考证学)、"词章"三大部门(戴东原亦曾如是分类),他写给他弟弟的信说:"盖自西汉以至于今,识字之儒,约有三途:曰义理之学,曰考据之学,曰词章之学,各执一途,互相诋毁。兄之私意,以为义理之学最大,义理明则躬行有要,而经济有本。词章之学,亦所以发挥义理者也。考据之学,吾无取焉矣。

此三途者皆从事经史，各有门径。吾以为欲读经史，但当研究义理，则心一而不纷。是故经则专守一经，史则专熟一代，读经史则专主义理，此皆守约之道，确乎不可易者也。若夫经史而外，诸子百家，汗牛充栋，或欲阅之，但当读一人之专集，不当东翻西阅。"

在这个指导读书方法的信中，我们看到他们怎样说明三大部门的学术，怎样主张选科，并且指出在义理一门之下，还可以按照经书的种类及史书的朝代而分科研究。不过三大部门的研究对象，都是经史，整个学术范围，非常狭小。诸子百家，只当作参考书，全部学术集中在儒家一派的范围以内。三大部门的重要性，是义理第一，词章第二，考据最末了，他的话完全是宋明以来儒家正统派的传统意见。义理之学，照理应该还有老学、墨学等的专科，但因儒家的独占，就没有它们的份儿了。

词章之学，包括诗及古文两个主要部门，其次有赋、词、曲、骈文等。现代文学所尊重的小说及戏曲，过去不被重视。

考据之学，除按照经书的种类分科外，又按照问题性质而分科，如专门考名物制度的狭义的"考证学"及专门考文字训诂的"小学"，以及专门考书籍源流真伪的"校雠学"，是三大科别。此外还分出许多独立的部门，如小学内分出声韵学、训诂学，以及金石学、甲骨学等，校雠学又分成目录学、校勘学、版本学等。

国学的派别

曹伯韩

讲实证的学术,分科繁而派别少,尚玄思的学术则相反。国学以古书为对象,文字艰深古奥,又不免有遗漏和错误,后世的人无法去找古代的原作者来质疑,就只好凭自己的意思来解释,因解释的不同,派别便产生了。以前说的"义理""考据""词章"的三种学术,虽然是三个部门,但同时也是三个派别,因为学者所采取的道路不同,对于同一古书的解释会得到相异的结果。所以曾国藩说他们"各执一途,互相诋毁"。

在考据学全盛的清代中期,所谓桐城派词章之学也抬头起来。桐城派文人以"载道之文"相标榜而讥诮考据学的支离破碎,无补于圣道。考据学者则讥诮桐城派文章没有内容,根本无所谓"道"。考据学者批评义理之学的空疏,可是义理学派也讥诮他们的破碎支离。这几派之中,考据派在学术界虽然称霸,但清政府所奖励的却以义理之学为主。

义理学派即所谓宋明道学,因其解释经书遇着难解之处,不去找许多古书参证,查考原来的意义,只是"望文生义",照字面去讲,所以人们说它空疏。其实这个学派不是完全不查考古字的意义,不是完全不注意古书的遗漏错误,我们一看"四书"的朱注便知。这个学派的特点,是在于借孔孟的话来宣传自己的学说,朱熹(晦庵)的四书注,就是宣传他的理气二元论。陆九渊(象山)更公然说"六经皆我注脚"。的确,他们表面上是注解经书,实际上是拿经书注解自己。可是朱熹还不敢公然这样讲,他的意思只是说,按之人情物理,孔孟的这些话应当这样解才对。朱氏是主张"格物致知"的,这就是从研究人情物理去了解孔孟之道。

因为这一点,使朱陆又分成两派。朱氏的学术,渊源于程颐(伊川),所以这派叫程朱派。陆象山之学,到明代王守仁(阳明)而有彻底的发展,所以这派叫陆王派。程朱之学,讲求穷理尽性,称为理学。陆王也讲理,但程朱的理有客观性,而陆王的理是纯主观的,陆氏说"心即理",所以人们为与程朱的理学分别起见,又叫陆王之学为"心学"。

义理之学大致和现代所谓哲学相同,所以有派别,无分科。考据之学和现代所倡社会科学相像,所以有分科,也有派别。可是因为研究的对象不是社会而是古书,所以考据之学的派别,不是从理论上分的,而是从古书的传授系统上面分的。汉朝在秦始皇焚书坑儒以后来提倡经书的研究,许多儒生都用当时通行的隶书写着经书进献,据说是因为古经原本已不容易觅取,他们这些儒生都是凭着口耳相传的方法,一代一代地传授下来的。

后来却有人贡献古本经书了,那些书据说是藏在什么古建筑物(如孔子故宅)的夹壁中间,或者什么山岩里面,被人家发现的。有了这一套古字的原本，于是就有一班儒生来研究它。由于这种版本和前面那种所用的文字有古今的不同，于是在研究者方面就分出今文派和古文派。

其实两者的分别不但在文字上，就是内容也有不同的地方，特别是思想方法方面（这点后面再说）。这两派经学家所做的事，或系考证古书的真伪，或系考证古书上的名词器物和制度，或系探讨古代文字的意义，或系探讨经书的微言大义，所以一般称为考据之学，因为考据之学创于汉朝，又称汉学，而和汉学相对的义理之学，因为创于宋代，就叫宋学。

在词章之学方面，古文和骈文不但是两个门类，同时又是两个派别的名称。骈文是四六对偶的文体，古文（这个古文和经学上的古文，名同而实异）是不要对仗的散文，研究骈文的就反对古文，研究古文的就反对骈文，因而形成两大派别。清代除这两大派对立外，古文派内部又有桐城派和阳湖派的分别。

治国学的方法

章太炎

一、辨书籍的真伪

对于古书没有明白哪一部是真,哪一部是伪,容易使我们走入迷途,所以研究国学第一步要辨书籍的真伪。

四部的中间,除了集部很少假的,其余经、史、子三部都包含着很多的伪书,而以子部为尤多。清代姚际恒《古今伪书考》,很指示我们一些途径。

先就经部讲:《尚书》现代通行本共有五十八篇,其中只有三十三篇是汉代时的"今文"所有,另二十五篇都是晋代梅颐所假造。这假造的《尚书》,宋代朱熹已经怀疑他,但未曾寻出确证,直到清代,才明白地考出,却已雾迷了一千多年。

经中尚有为明代人所伪托,如《汉魏丛书》中的《子贡诗传》系出自明丰坊手。诠释经典之书,也有后人伪托,如孔安国《尚书传》《郑氏孝经注》《孟子孙奭疏》之类,都是晋代的作品。不过"伪古文尚书"和"伪孔传",比较有价值,所以还引起一部分人一时间的信仰。

以史而论：正史没人敢假造，别史中就有伪书。《越绝书》，汉代袁康所造，而托名子贡。宋人假造《飞燕外传》《汉武内传》，而列入《汉魏丛书》。《竹书纪年》本是晋人所得，原已难辨真伪，而近代通行本，更非晋人原本，乃是明人伪造的了。

子部中伪书很多，现在举其最著者六种，前三种尚有价值，后三种则全不足信。

（一）《吴子》，此书中所载器具，多非当时所有，想是六朝产品。但从前科举时代把它当作"武经"，可见受骗已久。

（二）《文子》，《淮南子》为西汉时作品，而《文子》里面大部分抄自《淮南子》，可见本书系属伪托，已有人证明它是两晋六朝人做的。

（三）《列子》，信《列子》的人很多，这也因这本书做得不坏，很可动人的缘故。须知列子这个人虽见于《史记·老庄列传》中，但书中所讲，多取材于佛经，"佛教"在东汉时始入中国，哪能在前说到？我们用时代证他，已可水落石出。并且《列子》这书，汉人从未有引用一句，这也是一个明证。造《列子》的也是晋人。

（四）《关尹子》，这书无足论。

（五）《孔丛子》，这部书是三国时王肃所造。《孔子家语》一书也是他所造。

（六）《黄石公三略》，唐人所造。又《太公阴符经》一书，出现在《黄石公三略》之后，系唐人李筌所造。

经、史、子三部中的伪书很多，以上不过举个大略。此外，更有原书是真而后人加一部分进去的，这却不能疑它是假。《四子书》中有已被加入的。《史记》中也有，如《史记》中曾说及扬雄，扬在太史公之后，显系后人加入，但不能因此便疑《史记》是伪书。

总之，以假为真，我们就要陷入迷途，所以不可不辨别清楚。但反过来看，因为极少部分的假，就怀疑全部分，也是要使我们彷徨无所归宿的。如康有为以为汉以前的书都是伪的，都被王莽、刘歆改窜过，这话也只有他一个人这样说。我们如果相信他，便没有可读的古书了。

二、通小学

韩昌黎说："凡作文章宜略识字。"所谓"识字"，就是通小学的意思。作文章尚须略通小学，可见在现在研究古书，非通小学是无从下手的了。小学在古时，原不过是小学生识字的书，但到了现代，虽研究到六七十岁，还有不能尽通的。何以古易今难至于如此呢？这全是因古今语言变迁的缘故。现在的小学，是可以专门研究的，但我所说的"通小学"，却和专门研究不同，因为一方面要研究国学，所以只能略通大概了。

《尚书》中《盘庚》《洛诰》，在当时不过一种告示，现在我们读了，觉得"佶屈聱牙"，这也是因我们没懂当时的白话，所以如此。《汉书·艺文志》说："《尚书》直言也。"直言就是白话。古书原都用当时的白话，但我们读《尚书》，觉得格外难懂，这或因《盘庚》《洛诰》等都是一方的土话，如殷朝建都在黄河以北，周朝建都在陕西，用的都是河北的土话，所以比较不能明白。《汉书·艺文志》又说："读《尚书》应用《尔雅》"，这因

《尔雅》是诠释当时土话的书,所以《尚书》中于难解的地方,看了《尔雅》就可明白。

总之,读唐以前的书,都非研究些小学,不能完全明白。宋以后的文章和现在差不多,我们就能完全了解了。

研究小学有三法:

(一)通音韵　古人用字,常同音相通,这大概和现在的人写别字一样。凡写别字都是同音的,不过古人写惯了的别字,现在不叫他写别字罢了。但古时同音的字,现在多不相同,所以更难明白。我们研究古书,要知道某字即某字之转化,先要明白古时代的音韵。

(二)明训诂　古时训某字为某义,后人更引申某义转为他义。可见古义较狭而少,后义较广而繁。我们如不明白古时的训诂,误以后义附会古义,就要弄错了。

(三)辨形体　近体字中相像的,在篆文未必相像,所以我们要明古书某字的本形,以求古书某字的某义。

历来讲形体的书是《说文》,讲训诂的是《尔雅》,讲音韵的书是《音韵学》。如能让《说文》《尔雅》《音韵学》都有明确的观念,那么,研究国学就不至于犯那"意误""音误""形误"等弊病了。

宋朱熹一生研究"五经""四子"诸书,连寝食都不离,可是纠缠一世,仍弄不明白。实在,他在小学没有功夫,所以如此。清代毛西河(即毛奇龄)事事和朱子反对,但他也不从小学下手,所以反对的论调,也都错了。可见通小学对于研究国学是极重要的一件事了。清代小学一门,大放异彩,他们所发现的新境域,着实不少!

三国以下的文章，十之八九我们能明了，其不能明了的部分，就须借助小学。唐代文家如韩昌黎、柳子厚的文章，虽是明白晓畅，却也有不能了解的地方。所以我说：看唐以前的文章，都要先研究一些小学。

桐城派也懂得小学，但比较少用功夫，所以他们对于古书中不能明白的字，便不引用，这是消极的免除笑柄的办法，事实上总行不去的。

哲学一科，似乎可以不通小学，但必专凭自我的观察，由观察而发表自我的意思，和古人完全绝缘，那才可以不必研究小学。倘仍要凭借古人，或引用古书，那么，不明白小学就要闹笑话了。比如朱文公研究理学（宋之理学即哲学），释"格物"为"穷至事物之理"，便招非议。在朱文公原以"格"可训为"来"，"来"可训为"至"，"至"可训为"极"，"极"可训为"穷"，就把"格物"训为"穷物"。可是训"格"为"来"是有理，辗转训"格"为"穷"，就是笑话了。又释"敬"为"主一无适"之谓（这原是程子说的），他的意思是把"适"训作"至"，不知古时"适"与"敌"通，《淮南子》中的主"无适"，所谓"无适"实是"无敌"之谓，"无适"乃"无敌对"的意义，所以说是"主一"。

所以研究国学，无论读古书或治文学哲学，通小学都是一件紧要的事。

三、明地理

近顷所谓地理，包含地质、地文、地志三项，原须专门研究的。中国本来的地理，算不得独立的科学，只不过做别几种（史、经）的助手，也没曾研究到地质、地文的。我们现在要研究国学，所需要的也只是地志，且把地志讲一讲。

地志可分两项：天然的和人为的。天然的就是山川脉络之类。山自古至今，没曾变更。大川若黄河，虽有多次变更，我们在历史上可以明白考出，所以，关于天然的，比较容易研究。人为的就是郡县建置之类。古来封建制度至秦改为郡县制度，已是变迁极大，数千年来，一变再变，也不知经过多少更张。那秦汉时代所置的郡，现在还能大略考出，所置的县就有些模糊了；战国时各国的地界，也还可以大致考出，而各国战争的地点和后来楚汉战争的地点，却也很不明白了。所以，人为的比较难以研究。

历来研究天然的，在乾隆时有《水道提纲》一书。书中讲山的地方甚少，关于水道，到现在也变更了许多，不过大致是对的。在《水道提纲》以前，原有《水经注》一书，这书是北魏人所著，事实上已用不着，只文采丰富，可当古董看罢了。研究人为的，有《读史方舆纪要》和《乾隆府厅州县志》。民国代兴，废府留县，新置的县也不少，因此更大有出入。在《方舆纪要》和《府厅州县志》以前，唐人有《元和郡县志》，也是研究人为的，只是欠分明。另外还有《大清一统志》《李申耆五种》，其中却有直截明了的记载，我们应该看的。

我们研究国学，所以要研究地理者，原是因为对于地理没有明白的观念，看古书就有许多不能懂。譬如看到春秋战国的战争和楚汉战争，史书上已载明谁胜谁败，但胜败的原因，关于形势的很多，就和地理有关了。

二十四史中，古史倒还可以明白，最难研究的，要推《南北史》和《元史》。东晋以后，五胡闯入内地，北方的人士多数南迁。他们数千人所住的地，就侨置一州，侨置的地方，大都在现在镇江左近，因此有南通州、南青州、南冀州的地名产生。我们研究《南史》，对于侨置的地名，实在容易混错。元人灭宋，统一中国，在二十四史就有《元史》的位置。元帝成吉思汗拓展地域很广，关于西伯利亚和欧洲东部的地志，《元史》也有阑入，因此使我们读者阅读困难。关于《元史地志》有《元史译文证补》一书，因著者博证海外，故大致不错。

不明白地理而研究国学，一般会发生三种谬误。南北朝时南北很隔绝。北魏人（即郦道元）著《水经注》，对于北方地势，还能正确，记述南方的地志，就错误很多。南宋时对于北方大都模糊，所以福建人郑樵所著《通志》，也错得很多。——这是臆测的谬误。中国土地寥阔，地名相同的很多，有人就因此纠缠不清。——这是纠缠的错误。古书中称某地和某地相近，往往考诸实际，相距却是甚远。例如：诸葛亮五月渡泸一事，是大家普遍知道的，泸水就是今金沙江，诸葛亮所渡的地，就是现在四川宁远。后人因为唐代曾在四川置泸州，大家就以为诸葛亮五月渡泸是在此地，其实相去千里，岂非大错？——这是意会的错误。至于河阴、河阳当在黄河南北，但水道已改，地名还是仍旧，也容易舛错的。

我在上节曾讲过"通小学"，现在又讲到"明地理"，本来还有"典章制度"也是应该提出的，所以不提出者，是因各朝的典章制度，史书上多已载明，无以今证古的必要。我们看哪一朝史知道哪一朝的典章制度就够了。

四、知古今人情的变迁

社会更迭变换，物质方面继续进步，那人情风俗也随着变迁，不能拘泥在一种情形。如若不明白这变迁的理，要产生两种谬误的观念。

（一）道学先生看作道德是永久不变，把古人的道德，比作日月经天，江河行地，墨守而不敢违背。

（二）近代矫枉过正的青年，以为古代的道德是野蛮道德。原来道德可分二部分：普通伦理和社会道德。前者是不变的，后者是随着环境变更的。当政治制度变迁的时候，风俗就因此改易，那社会道德是要适应了这制度这风俗才行。古今人情的变迁，有许多是我们应该注意的！

第一，封建时代的道德，是近于贵族的；郡县时代的道德，是近于平民的。这是比较而说的。《大学》有"欲治其国者，先齐其家"一语，《传》第九章里有"其家不可教而能教人者，无之"一语，这是封建时代的道德。我们且看唐太宗的历史，他的治国，成绩却不坏，世称"贞观之治"，但他的家庭，却糟极了，杀兄，纳弟媳。这岂不是把《大学》的话根本打破吗？要知古代的家和后世的家大不相同。古代的家，并不只包含父子夫妻兄弟这等人，差不多和小国一样，所以孟子说"千乘之家""百乘之家"。在那种制度县之下，《大学》里的话自然不错，那不能治理一县的人，自然不能治理一省了。

第二，古代对于保家的人，不管他是否尸位素餐，都很恭维。史家论事，对于那人因为犯事而灭家，不问他所做的是否正当，都没有一句褒奖。《左传》里已是如此，后来《史》（即《史记》）、《汉》（即《汉书》）也是如此。晁错创议灭七国，对于汉确是尽忠，但因此夷三族，就使史家对他生怪了。大概古代爱家和现代爱国的概念一样，那亡家也和亡国一样，所以保家是大家同情的。这种观念，到汉末已稍稍衰落，六朝又复盛了。

第三，贵族制度和现在土司差不多，只是比较文明一些。凡是王家的人，和王的本身一样看待。他的兄弟在王去位的时代都有承袭的权利。我们看《尚书》到周公代成王摄政，觉得很可怪。他在摄政时代，也俨然称王。在《康诰》里有"王若曰孟侯朕其弟小子封"的话，这王是指周公。后来成王年长亲政，他又可以把王号取消。《春秋》记隐公、桓公的事，也是如此。这种摄政可称王，退位可取消的情形，到后世便不行。

后世原也有兄代弟位的，如明英宗被掳、景泰帝代行政事等。但代权几年，却不许称王；既称王，却不许取消。宋人解释《尚书》，对于这些没有注意到，所以强为解释，反而愈释愈使人不能解了。

第四，古代大夫的家臣，和天子的诸侯一样，凡是家臣对于主人有绝对服从的义务。这种制度，西汉已是衰落一些，东汉又复兴盛起来。功曹、别驾都是州郡的属官。这种属官，既要奔丧，还要服丧三年，俨有君臣之分。三国时代的曹操、刘备、孙权，他们虽未称王，但他属下的官对于他都是皇帝一般看待的。

第五，丁忧去官一件事在汉末很通行，非但是父母三年之丧要丁忧，就是兄弟姊妹期功服之丧也要丁忧。陶渊明诗有说及奔妹丧的，潘安仁《悼亡诗》也有说及奔丧的，可见丁忧的风在那时很盛。唐时此风渐息，到明代把它定在律令，除了父母丧不必去官。

总之，道德本无所谓是非，在那种环境里产生适应的道德，在那时如此便够了。我们既不可以古论今，也不可以今论古。

五、辨文学应用

文学的派别很多，梁刘勰所著《文心雕龙》一书，已明白罗列，关于这项，将来再仔细讨论，现在只把不能更改的文体讲一讲。

文学可分二项：有韵的谓之诗，无韵的谓之文。文有骈体、散体的区别，历来两派的争执很激烈：自从韩退之（即韩愈）崛起，推翻骈体，后来散体的声势很大。宋人就把古代经典都是散体，何必用骈体做宣扬的旗帜。清代阮芸台（即阮元）起而推倒散体，抬出孔老夫子来，说孔子在《易经》里所著的文言系辞，都是骈体的。实在这种争执，都是无谓的。

依我看来，凡简单叙一事不能不用散文，如兼叙多人多事，就非骈体不能提纲。以《礼记》而论，同是周公所著，但《周礼》用骈体，《仪礼》却用散体，这因事实上非如此不可的。《仪礼》中说的是起居跪拜之节，要想用骈也无从下手。更如孔子著《易经》用骈，著《春秋》就用散，也是一理。实在，散、骈各有专用，可并存而不能偏废。凡列举纲目的以用骈为醒目，譬如我讲演"国学"列举各项子目，也便是骈体。秦汉以后，若司马相如、邹阳、枚乘等的骈文，了然可明白。他们用以序叙繁杂的事,的确是不错。后来诏诰都用四六,判案亦有用四六的(唐宋之间,有《龙筋凤髓判》),这真是太无谓了。

凡称之为诗,都要有韵,有韵方能传达情感。现在白话诗不用韵,即使也有美感,只应归入散文,不必算诗。日本和尚娶妻食肉,我曾说他们可称居士,等等,何必称作和尚呢?诗何以要有韵呢?这是自然的趋势。诗歌本来脱口而出,自有天然的风韵,这种韵,可达那神妙的意思。你看,动物不能言语,它们专以幽美的声调传达彼等的感情,可见诗是必要有韵的。"诗言志,歌永言,声依永,律和声",这几句话,是大家知道的。我们仔细讲起来,也证明诗是必要韵的。我们更看现今戏子所唱的二黄西皮,文理上很不通,但彼等也因有韵的缘故。

白话记述,古时素来有的,《尚书》的诏诰全是当时的白话,汉代的手诏,差不多亦是当时的白话,经史所载更多照实写出的《尚书·顾命篇》有"奠丽陈教则肄,肄不违"一语,从前都没能解这两个"肄"字的用意,到清代江艮庭(即江声)始说明多一"肄"字,乃直写当时病人垂危舌本强大的口吻。《汉书》记周昌"臣期期不奉诏""臣期期知其不可"等语,两"期期"字也是直写周昌口吃。但现在的白话文只是使人易解,能曲传真相却也未必。

"语录"皆白话体,原始自佛家,宋代名儒如二程、朱、陆亦皆有语录,但二程为河南人,朱子福建人,陆象山江西人,如果各传真相,应所记各异,何以语录皆同一体例呢?我尝说,假如李石曾、蔡子民、吴稚晖三先生会谈,而令人笔录,则李讲官话,蔡讲绍兴话,吴讲无锡话,便应大不相同,但记成白话文却又一样。所以说白话文能尽传口语的真相,亦未必是确实的。

经典常谈

我与《论语》

罗　庸

在去年八月里，王维诚先生和我相约，要我和儒学会的各位谈一次话，但因大家都忙着自己的事，转眼四五个月，始终没有实行。

上星期，王先生又提起这事。我问知儒学会不过有五六位会员，便约定选一个星期六的晚上，在我家里谈一谈；但恰好前两周正为几位担任一年级国文教师的朋友述说我为本校一年级国文一书选定《论语》十章的经过，假定他们几位也高兴参加，我家里便坐不下。因此和王先生商量，不如找一个教室，公开谈一谈，也许有些别位同学高兴来听。这便是今晚讲演的由来。

我根本不懂哲学。儒学呢，至今也还没有懂。本不配来说话。但儒书毕竟读过一些，因此定了这个题目，想把自己读《论语》的经过，向各位报告一下，或者比较切实些。

我同《论语》见面很晚，因为先父深恶无实之学，一心期望我做一个好的中医。所以我发蒙读的书是《王叔和脉诀》，而不是三（即《三字经》）、百（即《百家姓》）、千（即《千字文》）和《大学》《中庸》。直到九岁上才读到《论语》，又因幼时多病，直到十二岁才算把《论语》读完。又读了《孟子》和半部《诗经》，便离开家塾，进了学校。这时对《论语》的印象，是只觉得和平简易，不如《孟子》的大气包举、剑拔弩张，此外就没有什么了。

十四岁进了中学，在同班中比较年纪算小的，但功课并不比年长的同学差。在小学时考试争第一的恶习，这时候又移到中学里来了。却不料有一位姓叶的同学，年纪比我还小一岁，但是聪明绝顶。作得很好的柳文，写一手极漂亮的成亲王（即乾隆第十一子爱新觉罗·永瑆）小楷，说一口好英文。两个人都自以为稳拿第一，便闹成各不相下。论天资我比他差得远，但我的图画手工成绩比他强，平均下来，第一还是落在我头上。因此两个极要好的朋友，却终日因互嫉而吵嘴，闹得地覆天翻。

同班中还有一位姓王的同学，名讷，字畏愆，人如其名，是一位极笃实长厚的青年，我们大家都以兄事之；对于我们这种褊嫉浮嚣，常加规正。但有时闹得太厉害了，他便默不作声。

这一年大概是民国四年（1915）吧，我十六岁。夏天将要放暑假的时候，我同叶又闹起来了，这一回闹得很凶。下午放学的时候，王畏愆过来和我说："我送你一段路吧。"我点点头，便同他一齐走出校门。

我的中学母校在北平东城史家胡同。学生一律走读。我家住东四牌楼北，王畏愆则住崇文门外。每天照例是在史家胡同西口分手，各自回家的。这一天他陪我向北走，我沿途还是絮叨着叶的问题：某一句话分明嘲弄我，某一个动作分明是揶揄我，说个不休，而他则始终不作声。

走到东四牌楼，他站住了，说："我不能送了。"那面容非常严肃。接下来的一句却是："你念过《论语》没有？"我答道："我念过的呀。"他更严肃了，严声说道："记着，'不逆诈，不亿不信'（见《论语·宪问》），回去吧。"说完，转身向南，岸然道貌地走了。

我像触了电，半天动不得身，也不知是感激，还是忏悔。最后一溜烟跑回家，马上把《论语》这一章翻开，正襟危坐地对着书直到更深。

从这一次开始懂得了读书要引归自己，在我为学的历史上是一个很大的纪念，终身不敢忘的。只可惜这两位好友，在二三十岁时，却不幸先后夭亡了。

此后《论语》便成了我的老师，生活上有了问题，便在《论语》中求解答，得益之多，不可言喻。假如能守而勿失，是不会像后来那样荒唐失据的；不料习气深厚，本根浅弱，十七岁后，又复走入了歧途。

十七岁的夏天，忽然发心要读《庄子》。便找了一部郭注（即郭象《庄子注》），连注点读。但无论如何不能懂，一个暑假中，从头到尾点了七遍，结果还是不懂，只好放下。同时又爱上了陶诗，长夏无事，在我那一间槐阴深覆的小书屋里，念着"孟夏草木长，绕屋树扶疏"，觉得在我读过的书中，除《论语》外，最亲切有味的，要算陶诗了。

十八岁进了北大文科国文门，真有点目迷五色。这时国文门完全是余杭章氏学风，《国粹学报》差不多是同学们课外必读的读物。我自己呢,在图书馆的贵重书库中,又爱上了广仓学窘出版的王静安先生的著作。在外面,《新青年》和《新潮》两本杂志,又正在风行一时。我对于哪一方面都喜欢,同时对于哪一方面也不满意,成了"既不能令,又不受命"的"绝物",内心苦闷万分,直没有个解决处。就是这样过了三四年,当中算是梁漱溟先生的《东西文化及其哲学》出版,碰着了我的问题,但我对梁先生所讲,并不能完全了解。这三四年中,尽读周秦诸子,结果除了增加些浮泛见解以外,了无所得。

二十一岁这一年,苦闷到几乎要自杀,却遇见了一位学佛的朋友,劝我念佛修净土。我欣然接受,从此茹蔬持名,一下去便是九年。

从此热心于居士生活,寺庙讲筵,几无空过。先后听的看的经典,却也不少。实际上,恐怕只是记了许多名相;但有一天无意中翻《庄子》,却似乎比从前明了了许多。

这一似乎明了可就坏了。靠了自己一点浮名,便在我教书的学校中,大讲《庄子》。话越说得圆,越自鸣得意,而狂妄亦愈甚。粗疏廓落,唐大虚骄,真可算诸恶毕备。二十七岁这一年,又参加韩德清居士所办的三时学会,听讲瑜伽,解深密,学得了许多分析名相的知见。虚骄之外,反转又加了吝私。

我一直未出国门,二十八岁这一年,忽然有机会代表一个学会出访东京帝国大学,也顺带参观了几处日本寺院。旧习难除,在京都和名古屋,搜集了不少日本人作的关于"因明"的书,预备回来和别人夸多斗胜。但这一次旅行,亲见日本人对于中国的处心积虑,和中国人自己的糊里糊涂,两相比照之下,给了我很大的刺激。我已不大敢再游心于浮妄的空谈了。

这一年正是民国十六年（1927），大多数朋友都已南下。我也在民国十七年（1928）的春上，从北平到了南京。

到南京第一件事是到支那内学院参拜欧阳竟无先生和吕秋逸先生。这时我心中已另有了许多新问题，欧阳先生短短的谈话，我并不能十分领略。民国十七年的秋末，我便由上海到了广州。

在广州中山大学的三年，使我十年来的生活态度有一个很大的转变。这时梁漱溟先生正在广州主办省立第一中学，梁门诸子都是笃行不务外一流，尤其是亡友王平叔先生维彻，益我最大。他的言论恰好针对了我的病痛。闻过的机会愈多，反省的心也愈真切，往日不自觉知的毛病，这时才又慢慢地发现。

尤其是数年来从北到东，从东到南，见闻所及，学得了很多的事情，于实际问题，颇有所见。但积年痼习，必待碰了大钉子才肯回头。

中山大学国文系有一门课程叫诸子文，我到中大这一年，便开始由我教授。第一学期当然讲《庄子》，靠了从前的一套狂妄，居然引了许多学生来听。第二学期讲《老子》，依然说得天花乱坠。第三学期讲《荀子》，已经觉得有些吃力。第四学期居然大胆讲《论语》，这一回算是给了自己一个绝大的教训。

话又说回到几年以前，在民国十四五年的时候，我因为看了阮元《揅经室集》里的《〈论语〉论仁论》，黄以周的《经训比义》，陈澧的《汉儒通义》，刘申叔先生的《理学字义通释》，有所启发，便把《论语》中关于论学、论礼的话类抄起来，拿来解释"吾十有五而志于学"一章，自谓训诂颇有义据。其实对于这一章全未了解，结果害得梁漱溟先生从北平西郊大有庄跑进城来，亲自登门下问，以为我真懂这一章，直闹得我手足无措。现在既要教这书，便把这一套老家当搬出来，编了一种讲义叫《论语本证》，意在以本书证本书，不至于跑野马。孰知刚刚上了一点钟，便自觉有些话实在多余。以后每上一点钟，便自觉话越多越讨厌。一再减损的结果，只好光念本文。学生听了兴味索然，便相率退席。讲到末了，师弟交困，勉强收场。

这一回使我深切感到儒学要力行亲证，绝不许你徒腾口说。凡在别的子家可以应用的知见言说，到《论语》全用不上。真是一钉一板，毫无走作，全身毕现，直下承当，才许你入得几分。二十岁前后养成的浮华积习，辗转十年，才算又得到一番忏悔。

民国二十年（1931）夏回到杭州住了一年，适其时熊十力先生住在湖上，正在写《新唯识论》。马一浮先生则本来住在杭州。暇日常到两位先生处去请益，这一年受益最大。这一年才把宋明理学书，和清代大儒的书，拣重要的精粗读过一遍。而朱子、曾文正两家感我最深。因为我一向的毛病，是最不细密、最不着实的呀！

民国二十一年（1932）秋回到北大，改教文学史和诗词方面的课，这对于我是最好的寡过之道，因为教文学史和诗总不会怎样惑世诬民。十年以来，和朋友们也不大谈这一方面的话；除了民国二十七年（1938）秋在蒙自讲过一次《孟子》以外，很不愿把此学作为一场话说，一方面自己也实无把握。前年，大一国文委员会选定教材，大家推我选《论语》，这才又把从前的《论语本证》稍加删汰，便是现在大一国文选里的《论语》十章。直到前两周为担任大一国文教师的各位说《论语》，才有今天这一次讲演。屈指三十四个年头，为了自己习气深厚，根器浅劣，不肯着实向学，因循自误，走了许多冤枉路。到如今愆尤丛集，寡过未能，一部《论语》对于我竟无真实受用，真是惭愧万分。

到了今天，对于《论语》一书，实在还没有懂；也就是对于儒学没有懂。不过感想所及，有几点是值得提出来说的：

儒学是求仁得仁之学。要力行，才有入处。大家如能在躬行日用上改过迁善，反己立诚，以体验所得，反求之《论语》，那便终身受用不尽。否则入乎耳出乎口，仅作一场话说，纵令不是仰天而谈，也于自身全无交涉。

圣人之言，绝无偏小，一言一字，当下皆圆。即如"学而时习之"一句，便是彻上彻下，无欠无缺。了得此句，便是一圆一切圆，更无短少。切不可私心摆布，谈什么哲学体系，构画博量，自塞通途。

圣人之心，与天地参，周流六虚，旁行无碍，识得此意，全局皆活，更无一物死于句下。一切进退因革，质文损益，如指诸掌，百世可知。意必固我之私，须知皆是障道之具。

学者要紧先取"吾十有五而志于学"一章，和"颜渊喟然叹曰"一章，互相参照，反复玩味。且莫高谈性兴天道，先认得孔子自述"十室之邑，必有忠信如丘者焉，不如丘之好学也"和叹息颜渊的话"今也则亡，未闻好学者也"两章，便知好学二字，即已超凡入圣。才说下学，便是上达，更不须别寻门路。方知《论语》之记者，首著"学而时习之"一句，具有深意。大家且先办取一个真切志学的心，以后功夫，自不难水到渠成，迎刃而解。切不可好高骛远，舍己耘人，耽误了切己工夫。这是我一点很恳切的意见。

今晚随想随谈，有许多词不达意，疏谬之处，希望各位指教。

《论语》与《孙子兵法》

季羡林

一部人类文化史告诉我们,几千年来人类发展的文化不外两大文化体系,一个是东方文化,一个是西方文化。东西方文化的关系是"三十年河东,三十年河西"。以中国文化为基础的东方文化,曾在世界上占主导地位。资本主义兴起之后,西方文化逐渐取代了东方文化,垄断世界达数百年之久,现在似乎是渐渐成了强弩之末。济其穷者必然是而且也只有东方文化。

东方文化的基础是综合的思维模式,西方则是分析的思维模式。所谓"综合",其核心是强调普遍联系,注重整体概念。表现在人与自然的关系上,就是人与自然为一整体,人与其他动物都包括在这个整体之中。中国的"天人合一",印度的"梵我一如",都是其表现。

我们东方文化是有些好东西,如《论语》中的一句话:"己所不欲,勿施于人。"能做到这八个字,到共产主义也不过这个水平。类似这么精辟的话多得很。历史上讲宋太祖时赵普曾说过以半部《论语》治天下的话,有人说是胡说八道,我看实际上用不了半部《论语》，有几句话就能治天下。又如《孙子兵法》，海湾战争证明它起了作用。"兵不厌诈"，打击对方虚弱的地方，避开强的地方，这是很简单的常识。诸葛亮的作战经验就是体现《孙子兵法》的精神，体现整体概念。打仗要知天时、知地利、知人和。天、地、人，这就是整体概念。弘扬东方文化的目的，不仅是为了中国，更是着眼于世界，把全人类的文化提高一步。若干年以后，东方文化一定会将人类的文化提高到一个更高的水平。

《论语》据我所知，最早是由殷铎泽和郭纳爵译为拉丁文的，以后有了更多的译本，对西方产生了重大影响。《孙子兵法》也早就有了外文译本。现在，中国孔子基金会联合中国孙子兵法研究会共同监制出版这套《文韬武略宝典——〈论语〉与〈孙子兵法〉》世纪珍藏金版书，用最新的高科技手段将儒家经典《论语》和兵家经典《孙子兵法》合印在金纸上，从而使它具有更高的工艺性和珍藏价值。将两者结合，凸显了中国文化内容博大精深、文武相得益彰的特色。该书的出版，必将使人们进一步感受到东方文化的辉煌，对世界人民提供有益的借鉴与启迪。

庄 子

闻一多

臣之所好者道也，进乎技矣。

——《庄子·养生主》

庄子名周，宋之蒙人（今河南商丘市东北）。宋在战国时属魏，魏都大梁，因又称梁。《史记》说他与梁惠王、齐宣王同时。《庄子·田子方》《徐无鬼》两篇于魏文侯、武侯称谥，而《则阳篇》《秋水篇》径称惠王的名字，又称公子，《山木篇》又称为王，《养生主》称文惠君，看来他大概生于魏武侯末叶，现在姑且定为周烈王元年（前375）。他的卒年，马叙伦定为赧王二十年（前295），大致是不错的（此处有误，庄子生卒年为约前369—前286，编者注）。

与他同时代的惠施只管被梁王称为"仲父"，齐国的稷下先生们只管"皆赐列第为上大夫"，荀卿只管"三为祭酒"，吕不韦的门下只管"珠履者三千人"——庄周只管穷困了一生，寂寞了一生，《庄子·外物篇》说他"家贫，故往贷粟于监河侯"，《山木篇》说他"衣大布而补之,正縻系履而过魏王"。这两件故事是否寓言,不得而知,然而拿这所反映的一副穷措大的写照,加在庄周身上,绝不冤枉他。

一

我们知道,一个人稍有点才智,在当时,要交结王侯,赚些名声利禄,是极平常的事。《史记》称庄子"其学无所不窥",又说他"善属书离辞,指事类情,用剽剥儒墨,虽当世宿学不能自解免也"。庄子的博学和才辩并不弱似何人,当时也不是没人请教他,无奈他脾气太古怪,不会和他们混,不愿和他们混。据说楚威王遣过两位大夫来聘他为相,他发一大篇议论,吩咐他们走了。《史记》又说他做过一晌漆园吏,那多半是为糊口计。吏的职分真是小得可怜,谈不上仕宦,可是也有个好处——不致妨害人的身份,剥夺人的自由。庄子一辈子只是不肯做事,大概当一个小吏,在庄子,是让步到最高限度了。依据他自己的学说,做事是不应当的,还不只是一个人肯不肯的问题。但我想那是愤激的遁词。他的实心话不业已对楚王的使者讲过吗?

子独不见郊祭之牺牛乎?养食之数岁,衣以文绣,以入太庙。当是之时,虽欲为孤豚,岂可得乎?

又有一次宋国有个曹商,为宋王出使到秦国。初去时,得了几乘车的俸禄,秦王高兴了,加到百乘。这人回来,碰见庄子,大夸他的本领,你猜庄子怎样回答他?

秦王有病，召医。破痈溃痤者得车一乘，舐痔者得车五乘，所治愈下，得车愈多。子岂治其痔邪？何车之多也？子行矣！

话是太挖苦了，可是当时宦途的风气也就可想而知。在那种情况之下，即使庄子想要做事，叫他如何去做？

我们根据现在的《庄子》三十三篇中比较可靠的一部分，查考他的行踪，知道他到过楚国一次，在齐国待过一晌，此外似乎在家乡的时候多。和他接谈过的也十有八九是本国人。《田子方篇》见鲁哀公的话，毫无疑问是寓言；《说剑》是一篇赝作，因此见赵文王的事更靠不住。倒是"庄子钓于濮水""庄子与惠子游于濠梁之上""庄子游乎雕陵之樊""庄子行于山中……出于山，舍于故人之家"——这一类的记载比较合于庄周的身份，所以我们至少可以从这里猜出他的生活的一个大致。

他大概是《刻意篇》所谓"就薮泽，处闲旷，钓鱼闲处，无为而已矣"的一种人。我们不能想象庄子那人，朱门大厦中会常常有他的足迹，尽管时代的风气是那样的，风气干庄周什么事？况且王侯们也未必十分热心要见庄周。平白地叫他挖苦一顿做什么！太史公不是明讲了"自王公大人不能器之"吗？

惠子屡次攻击庄子"无用"，那真是全不懂庄子而又懂透了庄子。庄子诚然无用，但是他要"用"做什么？

山木自寇也；膏火自煎也；桂可食，故伐之；漆可用，故割之。人皆知有用之用，而莫知无用之用也。

这样看来，王公大人们不能器重庄子，正合庄子的心愿。他"学无所不窥"，他"属书离辞，指事类情"，正因犯着有用的嫌疑，所以更不能不掩藏、避讳，装出那"其卧徐徐，其觉于于，一以己为马，一以己为牛"的一副假痴假联的样子，以求自救。

归真地讲，关于庄子的生活，我们知道的很有限。三十三篇中述了不少关于他的轶事，可是谁能指出哪是寓言，哪是实录？所幸的，那些似真似假的材料，虽不好坐实为庄子的信史，却满足以代表他的性情与思想；那起码都算得画家所谓"得其神似"。例如《齐物论》里"庄周梦为蝴蝶"的谈话，恰恰反映着一个潇洒的庄子；《至乐篇》称"庄子妻死，惠子吊之，庄子则方箕踞鼓盆而歌"，又分明影射着一个放达的庄子；《列御寇篇》所载庄子临终的那段放论，也许完全可靠：

庄子将死，弟子欲厚葬之。庄子曰："吾以天地为棺椁，日月为连璧，星辰为珠玑，万物为赍送。吾葬具岂不备邪？何以加此？"弟子曰："吾恐乌鸢之食夫子也。"庄子曰："在上为乌鸢食，在下为蝼蚁食，夺彼与此，何其偏也！"

其余的故事，或滑稽，或激烈，或高超，或毒辣，不胜枚举，每一事象征着庄子人格的一方面。综合地看去，何尝不俨然是一个活现的人物？

有一件事，我们知道是万无可疑的，惠施在庄子生活中占一个很重要的位置。这人是他最亲近的朋友，也是他最大的仇敌。他的思想行为，一切都和庄子相反，然而才极高，学极博，又是和庄子相同的。他是当代最有势力的一派学说的首领，是魏国的一位大政治家。庄子一开口便和惠子抬杠，一部《庄子》，几乎页页上有直接或间接糟蹋惠子的话。说不定庄周著书的动机大部分是为反对惠施和惠施的学说，他还有诬蔑到老朋友的人格的时候。

据说（大概是他的弟子们造的谣言）庄子到梁国，惠子得着消息，下了一道通缉令，满城搜索了三天。说惠子是怕庄子来抢他的相位，冤枉了惠子，也冤枉了庄子。假如那事属实，大概惠子是被庄子毁谤得太过火，为他办事起见，不能不下那毒手。然而惠子死后，庄子送葬，走到朋友的墓旁，叹息道："自夫子之死也，吾无以为质矣，吾无与言之矣！"两人本是旗鼓相当的敌手，难怪惠子死了，庄子反而感到孤寂。

除了同国的惠子之外，庄子不见得还有多少朋友，他的门徒大概也有限。朱熹以为"庄子当时亦无人宗之，他只在僻处自说"，像是对的。孟子是邹人，离着蒙不甚远，梁、宋又是他到过的地方，他辟杨墨，没有辟到庄子。《尸子》曰："墨子贵兼，孔子贵公，皇子贵衷，田子贵均，列子贵虚，料子贵别囿。"没有提及庄子。《吕氏春秋》也有同类的论断，从老聃数到儿良，偏漏掉了庄子。似乎当时只有荀卿谈到庄子一次，此外绝没有注意到他的。

庄子果然毕生是寂寞，不但如此，死后还埋没了很长的时期。西汉人讲黄老而不讲老庄。东汉初班嗣有报桓谭借《庄子》的信札，博学的桓谭连《庄子》都没见过。注《老子》的邻氏、傅氏、徐氏、河上公、刘向、毋丘望之、严遵等都是西汉人；两汉竟没有注《庄子》的。庄子说他要"处乎材与不材之间",他怕的是名,一心要逃名,果然他几乎要达到目的,永远湮没了。但是我们记得,韩康徒然要在卖药的生活中埋名,不晓得名早落在人间,并且恰巧要被一个寻常的女子当面给他说破。求名之难哪有逃名难呢?庄周也要逃名;暂时的名可算给他逃过了,可是暂时的沉寂毕竟只为那永永的赫煌作了张本。

一到魏、晋之间,庄子的声势忽然浩大起来,崔撰首先给他作注,跟着向秀、郭象、司马彪、李颐都注《庄子》。像魔术似的,庄子忽然占据了那全时代的身心,他们的生活、思想、文艺——整个文明的核心是庄子。他们说:"三日不读老庄,则舌本间强。"尤其是《庄子》,竟是清谈家的灵感的源泉。从此以后,中国人的文化上永远留着庄子的烙印。他的书成了经典,他屡次荣膺帝王的尊封;至于历代文人学者对他的崇拜,更不用提。别的圣哲,我们也崇拜,但哪像对庄子那样倾倒、醉心、发狂?

<h2 style="text-align:center">二</h2>

庖丁对答文惠君说:"臣之所好者道也,进乎技矣。"这句话的意义,若许人变通地解释一下,便恰好可以移作庄子本人的断语。庄子是一位哲学家,然而侵入了文学的圣域。庄子的哲学,不属本篇讨论的范围。我们单讲文学家庄子;如有涉及他的思想的地方,那是当作文学的核心看待的,对于思想本身,我们不加批评。

古来谈哲学以老、庄并称,谈文学以庄、屈并称。南华的文辞是千真万真的文学,人人都承认。可是《庄子》的文学价值还不只在文辞上。实在连他的哲学都不像寻常那一种矜严的、峻刻的、料峭的一味皱眉头、绞脑子的东西；他的思想的本身便是一首绝妙的诗。

一壁认定现实全是幻觉，是虚无，一壁以为那真正的虚无才是实有；庄子的议论，翻来覆去，不外这两个观点。那虚无，或称太极，或称涅槃，或称本体，庄子称之为"道"。他说：

夫道有情有信，无为无形；可传而不可受，可得而不可见；自本自根，未有天地，自古以固存；神鬼神帝，生天生地；在太极之先而不为高，在六极之下而不为深，先天地生而不为久，长于上古而不为老。狶韦氏得之以挈天地，伏羲氏得之以袭气母，维斗得之终古不忒，日月得之终古不息，堪坏得之以袭昆仑，冯夷得之以游大川，肩吾得之以处大山，黄帝得之以登云天，颛顼得之以处玄宫，禺强得之立乎北极，西王母得之坐乎少广，莫知其始，莫知其终，彭祖得之上及有虞，下及五伯，傅说得之以相武丁，奄有天下，乘东维，骑箕尾，而比于列星。

有大智慧的人们都会认识道的存在，信仰道的实有，却不像庄子那样热忱地爱慕它。在这里，庄子是从哲学又跨进了一步，到了文学的封域。他那婴儿哭着要捉月亮似的天真，那神秘的怅惘，圣睿的憧憬，无边无际的企慕，无涯岸的艳羡，便使他成为最真实的诗人。

然而现实究竟不容易抹杀，即使你说现实是幻觉，幻觉的存在也是一种存在。要调解这冲突，起码得承认现实是一种寄寓；

或则像李白认定自己是"天上谪仙人",现世的生活便成为他的流寓了。"万物生于有,有生于无",庄子仿佛说:那"无"处便是我们真正的故乡。他苦的是不能忘情于他的故乡。"旧国旧都,望之畅然",是人之常情。纵使故乡是在时间以前,空间以外的一个缥缈极了的"无何有之乡",谁能不追忆、不怅望?何况羁旅中的生活又是那般龌龊、逼仄、孤凄、烦闷?

悲歌可以当泣,远望可以当归。庄子的著述,与其说是哲学,毋宁说是客中思家的哀呼;他运用思想,与其说是寻求真理,毋宁说是眺望故乡,咀嚼旧梦。他说:"卮言日出,和以天倪,因以曼衍,所以穷年。"一种客中百无聊赖的情绪完全流露了。他这思念故乡的病意,根本是一种浪漫的态度,诗的情趣。并且因为他钟情之处,"大有径庭,不近人情",太超忽,太神秘,广大无边,几乎令人捉摸不住,所以浪漫的态度中又充满了不可逼视的庄严。是诗便少不了那一个哀艳的"情"字。《三百篇》是劳人思妇的情,屈、宋是仁人志士的情;庄子的情可难说了,只超人才载得住他那种神圣的客愁。所以庄子是开辟以来最古怪、最伟大的一个情种;若讲庄子是诗人,还不仅是泛泛的一个诗人。

或许你要问:《庄子》的思致诚然是美,可是哪一种精深的思想不美呢?怎见得《庄子》便是文学?你说他的趣味分明是理智的冷艳多于情感的温馨,他的姿态也是瘦硬多于柔腻,那只算得思想的美,不是情绪的美。不错,不过你能为我指出思想与情绪的分界究竟在哪里吗?唐子西在惠州给各种酒取名字,温和的叫作"养生主",劲烈的叫作"齐物论"。他真是善于饮酒,又善于读《庄子》。《庄子》会使你陶醉,正因为那里边充满了和煦的、郁蒸的、焚灼的各种温度的情绪。向来一切伟大的文学和伟大的哲学是不分彼此的。你若看不出《庄子》的文学,只因他的神理太高,你骤然体验不到。

"又恐琼楼玉宇,高处不胜寒",是就下界的人们讲的,你若真是隶籍仙灵,何至有不胜寒的苦头?并且文学是要和哲学不分彼此,才庄严,才伟大。哲学的起点便是文学的核心。只有浅薄的、庸琐的、渺小的文学,才专门注意花叶的美茂,而忘掉了那最原始、最宝贵的类似哲学的仁子。无论《庄子》的花叶已经够美茂的了;即令他没有发展到花叶,只他那简单的几颗仁子,给投在文学的园地上,便是莫大的贡献,无量的功德。

三

讲到文辞,本是庄子的余事,但也就够人赞叹不尽的。讲究辞令的风气,我们知道,春秋时早已发育了;战国时纵横家及孟轲、荀卿、韩非、李斯等人的文章也够好了,但充其量只算是辞令的极致,一种纯熟的工具,工具的本身难得有独立的价值。庄子可不然,到他手里,辞令正式蜕化成文学了。他的文字不仅是表现思想的工具,似乎也是一种目的。对于文学家庄子的认识,老早就有了定案。《天下篇》讨论其他诸子,只讲思想;谈到庄周,大半是评论文辞的话。

以谬悠之说,荒唐之言,无端崖之辞,时恣纵而不傥,不以觭见之也。以天下为沈浊,不可与庄语,以卮言为曼衍,以重言为真，以寓言为广。……其书虽瓌玮，而连犿无伤也；其辞虽参差，而諔诡可观。……其理不竭，其来不蜕，芒乎昧乎，未之尽者。

这可见庄子的文学色彩，在当时已瞒不过《天下篇》作者的注意（假如《天下篇》是出于庄子自己的手笔，他简直以文学家自居了）。至于后世的文人学者，每逢提到庄子，谁不一唱三叹地颂扬他的文辞？高似孙说他：

极天之荒，穷人之伪，放肆迤演，如长江、大河，滚滚灌注，泛滥乎天下；又如万籁怒号，澎湃汹涌，声沉影灭，不可控抟。

赵秉忠把他和列子并论，说他们：

搞而为文，穷造化之姿态，极生灵之辽广，剖神圣之渺幽，探有无之隐赜……
呜呼！天籁之鸣，风水之运，吾靡得覃其奇矣！

凌约言讲得简括而尤其有意致：

庄子如神仙下世，咳吐谑浪，皆成丹砂。

读《庄子》，本分不出哪是思想的美，哪是文字的美。那思

◇庄　子

想与文字，外形与本质的极端的调和，那种不可捉摸的浑圆的机体，便是文章家的极致；只那一点，便足注定庄子在文学中的地位。朱熹说庄子"是他见得方说到"，一句极平淡极敷泛的断语，严格地讲，古今有几个人当得起？其实在庄子，"见"与"说"之间并无因果的关系，那譬如一面花，一面字，原来只是一颗钱币。世界本无所谓真纯的思想，除了托身在文学里，思想别无存在的余地；同时，是一个字，便有它的含义，文字等于是思想的躯壳，然而说来又觉得矛盾，一拿单字连缀成文章，居然有了缺乏思想的文字，或文字表达不出的思想。比方我讲自然现象中有一种无光的火，或无火的光，你肯信吗？在人工的制作里确乎有那种文字与思想不碰头的偏枯的现象，不是词不达意，便是辞浮于理。

　　我们且不讲言情的文，或状物的文。言情状物要做到文辞与意义兼到，固然不容易，纯粹说理的文做到那地步尤其难，几乎不可能。也许正因那是近乎不可能的境地，有人便要把说理文根本排出文学的范围外，那真是和狐狸吃不着葡萄，说葡萄酸一样可笑。要反驳那种谬论，最好拿《庄子》给他读。即使除了庄子，你抬不出第二位证人来，那也无妨。就算庄子造了一件灵异的奇迹，一件化工罢了——就算庄子是单身匹马给文学开拓了一块新领土，也无不可。

　　读《庄子》的人，定知道那是多层的愉快。你正在惊异那思想的奇警，在那踌躇的当儿，忽然又发觉一件事，你问那精微奥妙的思想何以竟有那样凑巧的曲达圆妙的词句来表现它，你更惊异；再定神一看，又不知道哪是思想哪是文字了，也许什么也不是，而是经过化合作用的第三种东西，于是你尤其惊异。这应接不暇的惊异，便使你加倍地愉快，乐不可支。这境界，无论如何，在庄子以前，绝对找不到，以后，遇着的机会确实也不多。

四

如果你要的是纯粹的文学，在庄子那素净的说理文的背景上，也有着你看不完的花团锦簇的点缀——断素、零纨、珠光、剑气、鸟语、花香——诗、赋、传奇、小说，种种的原料，尽够你欣赏的，采撷的。这可以证明如果庄子高兴做一个通常所谓的文学家，他不是不能。

他是一个抒情的天才。宋祁、刘辰翁、杨慎等极欣赏的：

送君者皆自崖而返，君自此远矣！

果然是读了"令人萧寥有遗世之意"。《则阳篇》也有一段极有情致的文字：

旧国旧都，望之畅然，虽使丘陵草木之缗，入之者十九，犹之畅然，况见见闻闻者也？以十仞之台悬众间者也？

明人吴世尚曰："《易》之妙妙于象，《诗》之妙妙于情；《老》之妙得于《易》，《庄子》妙得于《诗》。"这里果然是一首妙绝的诗——外形同本质都是诗：

◇ 庄　子

天其运乎？地其处乎？日月其争于所乎？孰主张是？孰维纲是？孰居无事推而行是？意者其有机缄而不得已邪？意者其运转而不能自止邪？云者为雨乎？雨者为云乎？孰隆施是？孰居无事淫乐而劝是？风起北方，一西一东，有上彷徨——孰嘘吸是？孰居无事而披拂是？

这比屈原的《天问》何如？欧阳修说："参差奇诡而近于物情，兴者比者俱不能得其仿佛也。"只讲对了作者的一种"不战不许持寸铁"的妙技，至于他那越世高谈的神理，后世除了李白，谁追上他的踪尘？李白仿这意思作了一首《日出入行》，我们也录来看看：

日出东方隈，似从地底来，历天又入海，六龙所舍安在哉？其始与终古不息，人非元气安得与之久徘徊！草不谢荣于春风，木不怨落于秋天。谁挥鞭策驱四运？万物兴歇皆自然……

古来最善解《庄子》的莫如宋真宗。张端义《贵耳集》载着一件轶事，说他："宴近臣，语及《庄子》，忽命《秋水》，至则翠鬟绿衣，一小女童，诵《秋水》一篇。"这真是一种奇妙批评《庄子》的方法。

清人程庭鹭说："向秀、郭象、应逊此女童全具《南华》神理。"所谓"神理"正指诗中那种最飘忽的、最高妙的抒情的趣味。

庄子又是一位写生的妙手。他的观察力往往胜过旁人百倍，

· 63 ·

正如刘辰翁所谓"不随人观物，故自有见"。他知道真人"凄然似秋，暖然似春"，或则"尸居而龙见，渊默而雷声"。他知道"生物之以息相吹"；他形容马"喜则交颈相靡，怒则分背相踶"；又看见"泽雉十步一啄，百步一饮"。他又知道"槐之生也，入季春五日而兔目，十日而鼠耳，更旬而始规，二旬而叶成"。

一部《庄子》中，这类的零星的珍玩，搜罗不尽。可是能刻画具形的物体，还不算一回事，风是一件不容易描写的东西，你看《齐物论》里有一段奇文：

夫大块噫气，其名为风，是唯无作，作则万窍怒呺。而独不闻之翏翏乎？山林之畏佳，大木百围之窍穴——似鼻，似口，似耳，似枅，似圈，似臼，似洼者，似污者——激者，謞者，叱者，吸者，叫者，譹者，宎者，咬者。前者唱于而随者唱喁，泠风则小和，飘风则大和，厉风济则众窍为虚，而独不见之调调之刁刁乎？

注意那写的是风的自身，不像著名的宋玉《风赋》只写了风的表象。

五

讨论庄子的文学，真不好从哪里讲起，头绪太多了。最紧要的例如他的谐趣，他的想象；而想象中，又有怪诞的、幽渺的、新奇的、秾丽的各种方向，有所谓"建设的想象"，有幻想；就谐趣讲，也有幽默、诙谐、讽刺、谑弄等类别。这些其实都用得

◇庄　子

着专篇的文字来讨论，现在我们只就他的寓言连带地谈谈。

寓言本也是从辞令演化来的，不过庄子用得最多，也最精；寓言成为一种文艺，是从庄子起的。我们试想《桃花源记》《毛颖传》等作品对于中国文学的贡献，便明了庄子的贡献。往下再不必问了，你可以一直推到《西游记》《儒林外史》等，都可以说是庄子的赐予。《寓言篇》明讲"寓言十九"。一部《庄子》几乎全是寓言，我们暂时无须举例。此刻急待解决的，倒是何以庄子的寓言便是文学。

讲到这里，我只提到前面提出的谐趣与想象两点，你便恍然了；因为你知道那两种质素在文艺作品中所占的位置，尤其在中国文学中，更是那样凤毛麟角似的珍贵。若不是充满了他那隽永的谐趣，奇肆的想象，庄子的寓言当然和晏子、孟子以及一般游士说客的寓言，没有区别。谐趣和想象打成一片，设想愈奇幻，趣味愈滑稽，结果便愈能发人深省——这才是庄子的寓言。

有国于蜗之左角者，曰触氏，有国于蜗之右角者，曰蛮氏，时相与争地而战。伏尸数万，逐北，旬有五日而后反。(《庄子·则阳》)

今之大冶铸金，金踊跃曰："我必且为镆铘。"大冶必以为不祥之金。今一犯人之形而曰："人耳，人耳！"夫造化者必以为不祥之人。(《庄子·内篇·大宗师第六》)

庄子的寓言竟有快变成唐、宋人的传奇的。他的"母题"固在故事所象征的意义，然而对于故事的本身——结构、描写、人格的分析、"氛围"的布置……他未尝不感觉兴味。

儒以诗礼发冢，大儒胪传曰："东方作矣，事之何若？"小儒曰："未解裙襦，口中有珠。""诗固有之，曰：青青之麦，生于陵陂，生不布施，死何含珠为！"接其鬓，压其颥，儒以金椎控其颐，徐别其颊，无伤口中珠……（《庄子·外物》）

以及叙庖丁解牛时的细密的描写，还有其他的许多例，都足见庄子那小说家的手腕。至于书中各种各色的人格的研究，尤其值得注意，藐姑射山的神人、支离疏、庖丁、庚桑楚，都是极生动、极有个性的人物。

支离疏者，颐隐于脐，肩高于顶，会撮指天，五管在上，两髀为胁；挫针治繲，足以糊口，鼓筴播精，足以食十人。上征武士，则支离攘臂而游于其间；上有大役，则支离以有常疾不受功；上与病者粟，则受三钟与十束薪。（《庄子·内篇·人间世第四》）

文中之支离疏，画中的达摩，是中国艺术里最特色的两个产品。正如达摩是画中有诗，文中也常有一种"清丑入图画，视之如古铜古玉"的人物，都代表中国艺术中极高古、极纯粹的境界；而文学中这种境界的开创者，则推庄子。诚然《易经》的"载鬼一车"，《诗经》的"羘羊坟首"早已开创了一种荒怪丑恶的趣味，但没有庄子用得多而且精。这种以丑为美的兴趣，多到庄子那程度，或许近于病态；可是谁知道，文学不根本便犯着那嫌疑呢！并且庄子也有健全的时候。

藐姑射之山，有神人居焉。肌肤若冰雪，淖约若处子，不食五谷，吸风饮露，乘云气，御飞龙，而游乎四海之外，其神凝，使物不疵疠而年谷熟。……之人也，物莫之伤，大浸稽天而不溺，大旱、金石流、土山焦而不热。(《庄子·逍遥游》)

讲健全有能超过这样的吗？单看"肌肤若冰雪"一句，我们现在对于最高超也是最健全的美的观念，何尝不也是两千年前庄子给定下的标准？其实我们所谓健全不是庄子的健全，我们讲的是形骸，他注重的是精神。叔山无趾"犹有尊足者存"，王骀"且不知耳目之所宜，而游心乎德之和，物视其所一而不见其所丧，视丧其足犹遗土也"（见《庄子·内篇·德充符》）。

庄子自有他所谓的健全，似乎比我们的眼光更高一等。即令退一百步讲，认定精神不能离开形骸而单独存在；那么，你又应注意，庄子的病态中是带着几分诙谐的，因此可以称为病态，却不好算作堕落。

《诗经》

朱自清

诗的源头是歌谣。上古时候，没有文字，只有唱的歌谣，没有写的诗。一个人高兴的时候或悲哀的时候，常愿意将自己的心情诉说出来，给别人或自己听。日常的言语不够劲儿，便用歌唱；一唱三叹的叫别人回肠荡气。唱叹再不够的话，便手也舞起来了，脚也蹈起来了，反正要将劲儿使到了家。碰到节日，大家聚在一起酬神作乐，唱歌的机会更多。或一唱众和，或彼此竞胜。传说葛天氏的"乐八章"，三个人唱，拿着牛尾，踏着脚，似乎就是描写这种光景的。

歌谣越唱越多，虽没有书，却存在人的记忆里。有了现成的歌儿，就可借他人酒杯，浇自己块垒；随时拣一支合适的唱唱，也足可消愁解闷。若没有完全合适的，尽可删一些、改一些，到称意为止。流行的歌谣中往往不同的词句并行不悖，就是为此。可也有经过众人修饰，成为定本的。歌谣真可说是"一人的机锋，多人的智慧"了。

歌谣可分为徒歌和乐歌。徒歌是随口唱，乐歌是随着乐器唱。徒歌也有节奏，手舞脚蹈便是帮助节奏的；可是乐歌的节奏更规律化些。乐器在中国似乎早就有了，《礼记》里说的土鼓土槌儿、芦管儿，也许是我们乐器的老祖宗。到了《诗经》时代，有了琴瑟钟鼓，已是洋洋大观了。

歌谣的节奏最主要的靠重叠或叫复沓；本来歌谣以表情为主，只要翻来覆去将情表到了家就成，用不着废话。重叠可以说原是歌谣的生命，节奏也便建立在这上头。字数的均齐，韵脚的协调，似乎是后来发展出来的。有了这些，重叠才在诗歌里失去主要的地位。

有了文字以后，才有人将那些歌谣记录下来，便是最初的写的诗了。但记录的人似乎并不是因为欣赏的缘故，更不是因为研究的缘故。他们大概是些乐工，乐工的职务是奏乐和唱歌；唱歌得有词儿，一面是口头传授，一面也就有了唱本儿。歌谣便是这么写下来的。我们知道春秋时的乐工就和后世阔人家的戏班子一样，老板叫作太师。那时各国都养着一班乐工，各国使臣来往，宴会时都得奏乐唱歌。太师们不但得搜集本国乐歌，还得搜集别国乐歌。不但搜集乐词，还得搜集乐谱。那时的社会有贵族与平民两级。太师们是伺候贵族的，所搜集的歌儿自然得合贵族们的口味；平民的作品是不会入选的。他们搜得的歌谣，有些是乐歌，有些是徒歌。徒歌得合乐才好用。合乐的时候，往往得增加重叠的字句或章节，便不能保存歌词的原来样子。

除了这种搜集的歌谣以外，太师们所保存的还有贵族们为了特种事情，如祭祖、宴客、房屋落成、出兵、打猎等作的诗。这些可以说是典礼的诗。又有讽谏、颂美等的献诗；献诗是臣下作了献给君上，准备让乐工唱给君上听的，可以说是政治的诗。太师们保存下这些唱本儿，带着乐谱；唱词儿共有三百多篇，当时通称作"《诗》三百"。到了战国时代，贵族渐渐衰落，平民渐渐抬头，新乐代替了古乐，职业的乐工纷纷散走。乐谱就此亡佚，但是还有三百来篇唱词儿流传下来，便是后来的《诗经》了。

"诗言志"是一句古话；"诗"这个字就是"言""志"两个字合成的。但古代所谓"言志"和现在所谓"抒情"并不一样；那"志"总是关联着政治或教化的。春秋时通行赋诗。在外交的宴会里，各国使臣往往点一篇诗或几篇诗叫乐工唱。这很像现在的请客点戏，不同处是所点的诗句必加上政治的意味。这可以表示这国对那国或这人对那人的愿望、感谢、责难等，都从诗篇里断章取义。断章取义是不管上下文的意义，只将一章中一两句拉出来，就当前的环境，作政治的暗示。如《左传》襄公二十七年，郑伯宴晋使赵孟于垂陇，赵孟请大家赋诗，他想看看大家的"志"。子太叔赋的是《野有蔓草》。原诗首章云，"野有蔓草，零露溥兮。有美一人，清扬婉兮。邂逅相遇，适我愿兮。"子太叔只取末两句，借以表示郑国欢迎赵孟的意思；上文他就不管。全诗原是男女私情之作，他更不管了。可是这样办正是"诗言志"；在那回宴会里，赵孟就和子太叔说了"诗以言志"这句话。

到了孔子时代，赋诗的事已经不行了，孔子却采取了断章取义的办法，用《诗》来讨论做学问做人的道理。"如切如磋，如琢如磨"，本来说的是治玉，将玉比人。他却用来教训学生做学问的功夫。"巧笑倩兮，美目盼兮，素以为绚兮"本来说的是美人，所谓天生丽质。他却拉出末句来比方作画，说先有白底子，才会有画，是一步步进展的；作画还是比方，他说的是文化，人先是朴野的，后来才进展了文化——文化必须修养而得，并不是与生俱来的。他如此解诗，所以说"思无邪"一句话可以包括"《诗》三百"的道理；又说诗可以鼓舞人，联合人，增加阅历，发泄牢骚，事父事君的道理都在里面。孔子以后，"《诗》三百"成为儒家的《六经》之一，《庄子》和《荀子》里都说到"诗言志"，那个"志"便指教化而言。

但春秋时列国的赋诗只是用诗，并非解诗；那时诗的主要作用还在乐歌，因乐歌而加以借用，不过是一种方便罢了。至于诗篇本来的意义，那时原很明白，用不着讨论。到了孔子时代，诗已经不常歌唱了，诗篇本来的意义，经过了多年的借用，也渐渐含糊了。他就按着借用的办法，根据他教授学生的需要，断章取义地来解释那些诗篇。后来解释《诗经》的儒生都跟着他的脚步走。最有权威的毛氏《诗传》和郑玄《诗笺》差不多全是断章取义，甚至断句取义——断句取义是在一句两句里拉出一个两个字来发挥，比起断章取义，真是变本加厉了。

毛氏有两个人：一个毛亨，汉时鲁国人，人称为大毛公，一个毛苌，赵国人，人称为小毛公；是大毛公创始《诗经》的注解，传给小毛公，在小毛公手里完成的。郑玄是东汉人，他是专给毛《传》作《笺》的，有时也采取别家的解说；不过别家的解说在原则上也还和毛氏一鼻孔出气，他们都是以史证诗。他们接受了孔子"无邪"的见解，又摘取了孟子的"知人论世"的见解，以为用孔子的诗的哲学，别裁古代的史说，拿来证明那些诗篇是什么时代作的，为什么事作的，便是孟子所谓"以意逆志"。

其实孟子所谓"以意逆志"倒是说要看全篇大意，不可拘泥在字句上，与他们不同。他们这样猜出来的作诗人的志，自然不会与作诗人相合；但那种志倒是关联着政治教化而与"诗言志"一语相合的。这样的以史证诗的思想，最先具体地表现在《诗序》里。

《诗序》有《大序》《小序》。《大序》好像总论，托名子夏，说不定是谁作的。小序每篇一条，大约是大小毛公作的。以史证诗，似乎是《小序》的专门任务；传里虽也偶然提及，却总以训诂为主，不过所选取的字义，意在助成序说，无形中有个一定方向罢了。可是《小序》也还是泛说的多，确指的少。到了郑玄，才更详密地发展了这个条理。他按着《诗经》中的国别和篇次，系统地附合史料，编成了《诗谱》，差不多给每篇诗确定了时代；《笺》中也更多地发挥了作为各篇诗的背景的历史。以史证诗，在他手里算是集大成了。

《大序》说明诗的教化作用；这种作用似乎建立在风、雅、颂、赋、比、兴，所谓"六义"上。《大序》只解释了风、雅、颂。说风是风化（感化）、讽刺的意思，雅是正的意思，颂是形容盛德的意思。这都是按着教化作用解释的。照近人的研究，这三个字大概都从音乐得名。风是各地方的乐调，《国风》便是各国土乐的意思。雅就是"乌"字，似乎描写这种乐的呜呜之音。雅也就是"夏"字，古代乐章叫作"夏"的很多，也许原是地名或族名。雅又分《大雅》《小雅》，大约也是乐调不同的缘故。颂就是"容"字，容就是"样子"；这种乐连歌带舞，舞就有种种样子了。

风、雅、颂之外，其实还该有个"南"。南是南音或南调，《诗经》中《周南》《召南》的诗，原是相当于现在河南、湖北一带地方的歌谣。《国风》旧有十五，分出二南，还剩十三；而其中邶、鄘两国的诗，现经考定，都是卫诗，那么只有十一《国风》了。颂有《周颂》《鲁颂》《商颂》，《商颂》经考定实是《宋颂》。至于搜集的歌谣，大概是在二南、《国风》和《小雅》里。

赋、比、兴的意义，说数最多。大约这三个名字原都含有政治和教化的意味。赋本是唱诗给人听，但在《大序》里，也许是"直铺陈今之政教善恶"的意思。比、兴都是《大序》所谓"主文而谲谏"；不直陈而用譬喻叫"主文"，委婉讽刺叫"谲谏"。说的人无罪，听的人却可警诫自己。

《诗经》里许多譬喻就在比、兴的看法下，断章断句地硬派作政教的意义了。比、兴都是政教的譬喻，但在诗篇发端的叫作兴。《毛传》只在有兴的地方标出，不标赋比；想来赋义是易见的，比、兴虽都是曲折成义，但兴在发端，往往关系全诗，比较更重要些，所以便特别标出了。《毛传》标出的兴诗，共一百十六篇，《国风》中最多，《小雅》第二；按现在说，这两部分搜集的歌谣多，所以譬喻的句子也便多了。

志在《春秋》

南怀瑾

季氏旅于泰山这一段,是表示春秋时代社会风气之乱。乱在什么地方?乱在春秋时代整个的都是在讲究"权"与"术",后来大家把这两个字连起来用了。所谓"权"就是政治上讲的统治,也就是霸道。春秋末期王道衰微,霸道因此起来了。其次是"术",也就是一般人所谓的用手段。不讲传统文化的道德和理性,就是用手段。以手段而取天下,就是"权术"。因此,我们要了解当时的政治变乱,一定先要了解一本书——《春秋》。

《春秋》是孔子著的,像是现代报纸上国内外大事的重点记载。这个大标题,也是孔子对一件事下的定义,他的定义是怎样下法呢?重点在"微言大义"。所谓"微言"是在表面上看起来不太相干的字,不太要紧的话,如果以文学的眼光来看,可以增删;但在《春秋》的精神上看,则一个字都不能易动,因为它每个字中都有大义,有很深奥的意义包含在里面。所以后人说:"孔子著《春秋》,乱臣贼子惧。"为什么害怕呢?历史上会留下一个坏名。微言中有大义,这也是《春秋》难读的原因。

◇ 志在《春秋》

孔子著的《春秋》，是一些标题，一些纲要。那么纲要里面是些什么内容呢？要看什么？就要看三传——《左传》《公羊传》《穀梁传》。这是三个人对《春秋》的演绎，其中《左传》是左丘明写的，左丘明和孔子是介于师友之间的关系。他把孔子所著《春秋》中的历史事实予以更详细的申述，名为《左传》。因为当时他已双目失明，所以是由他口述，经学生记录的。

《公羊》《穀梁》又各成一家。我们研究《春秋》的精神，有"三世"的说法。尤其到了清末以后，我们中国革命思想起来，对于《春秋》《公羊》之学，相当流行。如康有为、梁启超这一派学者，大捧《公羊》的思想，其中便提《春秋》的"三世"。所谓《春秋》三世，就是对于世界政治文化的三个分类。一为"衰世"，也就是乱世，人类历史是衰世多。研究中国史，在二三十年以内没有变乱与战争的时间，几乎找不到，只有大战与小战的差别而已，小战争随时随地都有。所以人类历史，以政治学来讲，未来的世界究竟如何？这是一个非常大的问题。学政治哲学的人，应该研究这类问题。

如西方柏拉图的政治思想，所谓"理想国"。我们知道，西方许多政治思想，都是根据柏拉图的"理想国"而来的。在中国有没有类似的理想？当然有，首先《礼记》中《礼运·大同》篇的大同思想就是。我们平日所看到的大同思想，只是《礼运》篇中的一段，所以我们要了解大同思想，应该研究《礼运》篇的全篇。其次是道家的思想"华胥国"，所谓黄帝的"华胥梦"，也是一个理想国，与柏拉图的思想比较，可以说我们中国文化有过之而无不及。

但从另一方面看，整个人类是不是会真正达到那个理想的时代？这是政治学上的大问题，很难有绝对圆满的答案。因此我们回转来看《春秋》的"三世"，它告诉我们，人类历史衰世很多，把衰世进步到不变乱，就叫"升平"之世。最高的是进步到"太平"，就是我们中国人讲的"太平盛世"。根据中国文化的历史观察来说，真正的太平盛世，等于是个"理想国"，几乎很难实现。

我们《礼运》篇的大同思想，就是太平盛世的思想，也就是理想国的思想，真正最高的人文政治目的。历史上一般所谓的太平盛世，在"春秋三世"的观念中，只是一种升平之世，在中国来说，如汉、唐两代最了不起的时候，也只能勉强称为升平之世。历史上所标榜的太平盛世，只能说是标榜，既是标榜，那就让他去标榜好了。如以《春秋》大义而论，只能够得上升平，不能说是太平。再等而下之，就是衰世了。国父思想中所揭立的三民主义最后的目标是世界大同，这也是《春秋》大义所要达成的理想。

秉笔直书 罪罪恶恶

又怎样从《左传》看得出它的"微言大义"呢？如果读懂了《左传》上第一篇的《郑伯克段于鄢》，就大概可知《春秋》的笔法。

郑伯是一个诸侯（春秋时，王道衰微，五霸崛起。五霸中郑庄公是第一个称霸的，接下来有齐桓公、晋文公、秦穆公、宋襄公等），在本篇中，孔子的"微言"在哪一个字呢？那就是这个"克"字。"段"是郑庄公的亲兄弟共叔段。对兄弟是不能当敌人看待的,"克"字有敌对的含义在内,打败了敌人就是克敌,结果他对待兄弟用对待敌人的办法,事先不肯教化,不止恶于其先,而且还故意培养罪行,最后又故作仁义。因此《春秋》的笔法,就在这一个"克"字的微言上,定了他千秋的罪状。

左丘明写这段历史怎么说呢?大家也许都读过了,我们也不妨温习一下。

郑伯——郑庄公是老大,他母亲姜氏生他的时候是寤生——迷迷糊糊在昏迷中生的,做母亲的受了惊,害怕了,于是心理学问题来了,姜氏因为这次受惊,从此对庄公没有好感,始终心里不高兴。由此可知,现代研究青少年思想问题的人要注意,有许多青少年的思想,主要都是在小的时候受到环境影响而形成的,环境上每一件事,对他们的心理影响很大。

譬如从小贫穷的人,尤其是孤儿,他们大多容易产生偏激心理,我也曾栽培过好几个孤贫的少年,并告诉他们,穷苦出身、孤儿出身的人,最后只走两条路,没有第三条路:一种是他将来成功了,对于社会非常同情,他有办法时,同情别人、同情社会,因为他觉得自己是从苦难中出来的,就非常同情苦难的人。另一种人成功了,对社会非常反感,对于社会上的任何事、任何人都怀疑、都仇恨。他认为自己当年有谁同情?社会?社会上哪有公平?他心里始终反感。

这两种相反的心理,同样是受环境影响而产生的,至于为什么同样的原因而产生相反的结果,这又牵涉到遗传本质及教育等问题了,如参照上文"学而不思……"这段,便可思过半矣。所以有许多从事社会工作的人员办孤儿院,办得无论怎么好,孩子还是有反感。对自己的孩子骂了以后，孩子虽然生气，但过了一会儿就忘了。假如孤儿和那些有心理问题的孩子挨了骂，他不会生气，可是他永远不会忘记，因为他天生有反感。所以研究社会、研究政治，这多方面的学识，一定要注意。

讲到这里，就知道郑庄公的母亲姜氏有了心理偏见，而孩子在这种环境之下长大以后，就产生不正常的心理了。后来姜氏又生了一个孩子段——次子。在中国古代，长子是继承官位的，将来继承诸侯之位的当然是郑伯。中国有句老话："皇帝爱长子，百姓爱幺儿。"就因为长子是继承人，而老百姓则往往喜欢年老时生的孩子。可是姜氏生了第二个孩子后，告诉丈夫，希望将来由次子继承王位，但基于传统习惯是不可以的，所以后来还是由郑庄公继位做了诸侯。姜氏就要郑庄公让弟弟段到"制"这个最好的地方去做首长。而郑庄公对母亲说，"制"这个地方并不好，是艰苦之地，没有发展的价值，既没有经济价值，又不是政治重心，把弟弟派到这样一个地方去不太好，还是换一个地方好，叫母亲另外选一个地方，结果把弟弟封到"京"这个地方去。实际上"制"在当时郑国，是军事、政治上的重镇，他不敢养痈遗患，因此，郑庄公用了权术，说了一篇假仁假义的话，骗了母亲。孔子写这一段，是说郑庄公没有用道德，而用了权术。

后来，母亲姜氏和弟弟段要起来造反，招兵买马，积草囤粮，已经有了反叛的明显迹象，左右大臣都向郑庄公报告，郑庄公明明清楚了，但说没有问题，姑且等等看吧！意思是说，他的狐狸尾巴还没有露出来，要培养他把狐狸尾巴露出来，再处理他。这就是政治上古代奸雄权术中的一套，道德的政治，绝对不可这样。两者的差别也就在这里。尤其对亲兄弟,应该感化他,把这件事情坦然地告诉母亲来处理,不应该像培养敌人罪行那样培养他,最后母亲与弟弟一同造反,郑庄公出兵灭了这个弟弟。所以历史上有人说,曹操培养了刘备和孙权,以便挟天子以令诸侯,这个手段是效法郑庄公的,因此便指历史上第一个奸雄是郑庄公。

孔子著《春秋》为什么用这件事开始呢?这就是说明社会的变乱,并不是普通人能够引导的,都是权臣、有地位的人变坏了风气,所谓乱自上生,所以上面讲到季氏旅于泰山的故事,孔子说:"曾谓泰山不如林放乎?"也就是这个意思。

诸 子

朱自清

春秋末年,封建制度开始崩坏,贵族的统治权,渐渐维持不住。社会上的阶级,有了紊乱的现象。到了战国,更看见农奴解放,商人抬头。这时候一切政治的社会的经济的制度,都起了根本的变化。大家平等自由,形成了一个大解放的时代。在这个大变动当中,一些才智之士对于当前的情势,有种种的看法,有种种的主张;他们都想收拾那动乱的局面,让它稳定下来。有些倾向于守旧的,便起来拥护旧文化、旧制度,向当世的君主和一般人申述他们拥护的理由,给旧文化、旧制度找出理论上的根据。

也有些人起来批评或反对旧文化、旧制度;又有些人要修正那些。还有人要建立新文化、新制度来代替旧的;还有人压根儿反对一切文化和制度。这些人也都根据他们自己的见解各说各的,都"持之有故,言之成理"。这便是诸子之学,大部分可以称为哲学。这是一个思想解放的时代,也是一个思想发达的时代,在中国学术史里是稀有的。

诸子都出自职业的"士"。"士"本是封建制度里贵族的末一

◇ 诸　子

级；但到了春秋、战国之际，"士"成了有才能的人的通称。在贵族政治未崩坏的时候，所有的知识、礼、乐等，都在贵族手里，平民是没份的。那时有知识技能的专家，都由贵族专养专用，都是在官的。到了贵族政治崩坏以后，贵族有的失了势，穷了，养不起自用的专家。这些专家失了业，流落到民间，便以卖他们的知识技能为生。凡有权有钱的都可以临时雇用他们；他们起初还是伺候贵族的时候多，不过不限于一家贵族罢了。这样发展了一些自由职业：靠这些自由职业为生的，渐渐形成了一个特殊阶级，便是"士农工商"的"士"。这些"士"，这些专家，后来居然开门授徒起来。徒弟多了，声势就大了，地位也高了。他们除执行自己的职业之外，不免根据他们专门的知识技能，研究起当时的文化和制度来了。这就有了种种看法和主张。各"思以其道易天下"。诸子百家便是这样兴起的。

第一个开门授徒发扬光大那非农非工非商非官的"士"的阶级的，是孔子。孔子名丘，他家原是宋国的贵族，贫寒失势，才流落到鲁国去。他自己做了一个儒士；儒士是以教书和相礼为职业的，他却只是一个"老教书匠"。他的教书有一个特别的地方，就是"有教无类"。他大招学生，不问身家，只要缴相当的学费就收；收来的学生，一律教他们读《诗》《书》等名贵的古籍，并教他们礼乐等功课。这些从前是只有贵族才能够享受的，孔子是第一个将学术民众化的人。他又带着学生周游列国，游说当世的君主；这也是从前没有的。他一个人开了讲学和游说的风气，是"士"阶级的老祖宗。他是旧文化、旧制度的辩护人，以这种姿态创始了所谓儒家。

所谓旧文化、旧制度，主要的是西周的文化和制度，孔子相信是文王、周公创造的。继续文王、周公的事业，便是他给他自己的使命。他自己说，"述而不作，信而好古"；所述的，所信所好的，都是周代的文化和制度。《诗》《书》《礼》《乐》等是周文化的代表，所以他拿来做学生的必修科目。这些原是共同的遗产，但后来各家都讲自己的新学说，不讲这些；讲这些的始终只有"述而不作"的儒家。因此《诗》《书》《礼》《乐》等便成为儒家的专有品了。

孔子是个博学多能的人，他的讲学是多方面的。他讲学的目的在于养成"人"，养成为国家服务的人，并不在于养成某一家的学者。他教学生读各种书，学各种功课之外，更注重人格的修养。他说为人要有真性情，要有同情心，能够推己及人，这所谓"直""仁""忠""恕"；一面还得合乎礼，就是遵守社会的规范。凡事只问该做不该做，不必问有用无用；只重义，不计利。这样人才配去干政治，为国家服务。孔子的政治学说，是"正名主义"。他想着当时制度的崩坏，阶级的紊乱，都是名不正的缘故。君没有君道，臣没有臣道，父没有父道，子没有子道，实和名不能符合起来，天下自然乱了。救时之道，便是"君君，臣臣，父父，子子"；正名定分，社会的秩序，封建的阶级便会恢复的。他是给封建制度找了一个理论的根据。这个正名主义，又是从《春秋》和古史官的种种书法归纳得来的。他所谓"述而不作"，其实是以述为作，就是理论化旧文化、旧制度，要将那些维持下去。他对于中国文化的贡献，便在这里。

孔子以后，儒家还出了两位大师，孟子和荀子。孟子名轲，

◇ 诸 子

邹人；荀子名况，赵人。这两位大师代表儒家的两派。他们也都拥护周代的文化和制度，但更进一步地加以理论化和理想化。孟子说人性是善的。人都有恻隐心、羞恶心、辞让心、是非心；这便是仁义礼智等善端，只要能够加以扩充，便成善人。这些善端，又总称为"不忍人之心"。圣王本于"不忍人之心"，发为"不忍人之政"，便是"仁政""王政"。一切政治的经济的制度都是为民设的，君也是为民设的——这却已经不是封建制度的精神了。和王政相对的是霸政。霸主的种种制作设施，有时也似乎为民，其实不过是达到好名好利好尊荣的手段罢了。

荀子说人性是恶的。性是生之本然，里面不但没有善端，还有争夺放纵等恶端。但是人有相当聪明才智，可以渐渐改善学好；积久了，习惯自然，再加上专一的功夫，可以到圣人的地步。所以善是人为的。孟子反对功利，他却注重它。他论王霸的分别，也从功利着眼。孟子注重圣王的道德，他却注重圣王的威权。他说生民之初，纵欲相争，乱得一团糟；圣王建立社会国家，是为明分、息争的。礼是社会的秩序和规范，作用便在明分；乐是调和情感的，作用便在息争。他这样从功利主义出发，给一切文化和制度找到了理论的根据。

儒士多半是上层社会的失业流民；儒家所拥护的制度，所讲所行的道德也是上层社会所讲所行的。还有原业农工的下层失业流民，却多半成为武士。武士是以帮人打仗为职业的专家。墨翟便出于武士。墨家的创始者墨翟，鲁国人，后来做到宋国的大夫，但出身大概是很微贱的。"墨"原是做苦工的犯人的意思，大概是个诨名；"翟"是名字。墨家本是贱者，也就不辞用那个

· 83 ·

浑名自称他们的学派。墨家是有团体组织的,他们的首领叫作"巨子";墨子大约就是第一任"巨子"。他们不但是打仗的专家,并且是制造战争器械的专家。

但墨家和别的武士不同,他们是有主义的。他们虽以帮人打仗为生,却反对侵略的打仗;他们只帮被侵略的弱小国家做防卫的工作。《墨子》里只讲守的器械和方法,攻的方面,特意不讲。这是他们的"非攻"主义。他们说天下大害,在于人的互争;天下人都该视人如己,互相帮助,不但利他,而且利己。这是"兼爱"主义。墨家注重功利,凡于国家人民有利的事物,才认为有价值。国家人民,利在富庶;凡能使人民富庶的事物是有用的,别的都是无益或有害。他们是平民的代言人,所以反对贵族的周代的文化和制度。他们主张"节葬""短丧""节用""非乐",都和儒家相反。他们说他们是以节俭勤苦的夏禹为法的。他们又相信有上帝和鬼神,能够赏善罚恶:这也是下层社会的旧信仰。儒家和墨家其实都是守旧的;不过一个守原来上层社会的旧,一个守原来下层社会的旧罢了。

压根儿反对一切文化和制度的是道家。道家出于隐士。孔子一生曾遇到好些"避世"之士;他们着实讥评孔子。这些人都是有知识学问的。他们看见时世太乱,难以挽救,便消极起来,对于世事,取一种不闻不问的态度。他们讥评孔子"知其不可而为之",费力不讨好;他们自己便是知其不可而不为的,独善其身的聪明人。后来有个杨朱,也是这一流人,他却将这种态度理论化了,建立"为我"的学说。他主张"全生保真,不以物累形";将天下给他,换他小腿上一根汗毛,他是不干的。天下虽大,是外物；一根毛虽小，却是自己的一部分。所谓"真"，便是自然。杨朱所说的只是教人因生命的自然，不加伤害；"避世"便是"全生保真"的路。不过世事变化无穷，避世未必就能避害，杨朱的教义到这里却穷了。老子、庄子的学说似乎便是从这里出发，加以扩充的。杨朱实在是道家的先锋。

老子相传姓李名耳，楚国隐士。楚人是南方新兴的民族，受周文化的影响很少；他们往往有极新的思想。孔子遇到那些隐士，也都在楚国；这似乎不是偶然的。庄子名周，宋国人，他的思想却接近楚人。老学以为宇宙间事物的变化，都遵循一定的公律，在天然界如此，在人事界也如此。这叫作"常"。顺应这些公律，便不须避害，自然能避害。所以说，"知常曰明"。事物变化的最大公律是物极则反。处世接物，最好先从反面下手。"将欲歙之，必固张之；将欲弱之，必固强之；将欲废之，必固兴之；将欲取之，必固与之。""大直若屈，大巧若拙，大辩若讷。"这样以退为进，便不至于有什么冲突了。因为物极则反，所以社会上政治上种种制度，推行起来，结果往往和原来目的相反。"法令滋彰，盗贼多有"，治天下本求有所作为，但这是费力不讨好的，不如排除一切制度，顺应自然，无为而为，不治而治。那就无不为、无不治了。自然就是"道"，就是天地万物所以生的总原理。物得道而生，是道的具体表现。一物所以生的原理叫作"德"，"德"是"得"的意思。所以宇宙万物都是自然的。这是老学的根本思想；也是庄学的根本思想。

但庄学比老学更进一步。他们主张绝对的自由、绝对的平等。天地万物，无时不在变化之中，不齐是自然的。一切但须顺其自然，所有的分别，所有的标准，都是不必要的。社会上政治上的制度，硬教不齐的齐起来，只徒然伤害人性罢了。所以圣人是要不得的；儒墨是"不知耻"的。按庄学说，凡天下之物都无不好，凡天下的意见，都无不对。无所谓物我，无所谓是非。甚至死和生也都是自然的变化，都是可喜的。明白这些个，便能与自然打成一片，成为"无入而不自得"的至人了。老庄两派，汉代总称为道家。

庄学排除是非，是受当时"辩者"的影响。"辩者"汉代称为名家，出于讼师。辩者的一个首领郑国邓析，便是春秋末年著名的讼师。另一个首领梁相惠施，也是法律行家。邓析的本事在对于法令能够咬文嚼字的取巧，"以是为非，以非为是"。语言文字往往是多义的；他能够分析语言文字的意义，利用来作种种不同甚至相反的解释。这样发展了辩者的学说。当时的辩者有惠施和公孙龙两派。惠施派说，世间各个体事物，各有许多性质；但这些性质，都因比较而显，所以不是绝对的。各物都有相同之处，也都有相异之处。从同的一方面看，可以说万物无不相同；从异的一方面看，可以说万物无不相异。同异都是相对的：这叫作"合同异"。

公孙龙，赵人。他这一派不重个体而重根本，他说概念有独立分离的存在。譬如一块坚而白的石头，看的时候只见白，没有坚；摸的时候只觉坚，不见白。所以白性与坚性两者是分离的。况且天下白的东西很多，坚的东西也很多，有白而不坚的，也有坚而不白的。也可见白性与坚性是分离的，白性使物白，坚性使物坚；这些虽然必须因具体的物而见，但实在有着独立的存在，不过是潜存罢了。这叫作"离坚白"。这种讨论与一般人感觉和常识相反,所以当时以为"怪说""琦辞""辩而无用"。但这种纯理论的兴趣,在哲学上是有它的价值的。至于辩者对于社会政治的主张,却近于墨家。

儒、墨、道各家有一个共通的态度,就是托古立言;他们都假托古圣贤之言以自重。孔子托于文王、周公,墨子托于禹,孟子托于尧、舜,老、庄托于传说中尧、舜以前的人物;一个比一个古,一个压一个。不托古而变古的只有法家。法家出于"法术之士",法术之士是以政治为职业的专家。贵族政治崩坏的结果,一方面是平民的解放,一方面是君主的集权。这时候国家的范围,一天一天扩大,社会的组织也一天一天复杂。人治、礼治,都不适用了。法术之士便创一种新的政治方法帮助当时的君主整理国政,做他们的参谋。这就是法治。当时现实政治和各方面的趋势是变古——尊君权、禁私学、重富豪。法术之士便拥护这种趋势,加以理论化。

他们中间有重势、重术、重法三派,而韩非子集其大成。他本是韩国的贵族,学于荀子。他采取荀学、老学和辩者的理论,创立他的一家言。他说势、术、法三者都是"帝王之具",缺一不可。势的表现是赏罚:赏罚严,才可以推行法和术。因为人性究竟是恶的。术是君主驾驭臣下的技巧。综核名实是一个例。譬如教人做某官,按那官的名位,该能做出某些成绩来;君主就可以照着去考核,看他名实能相符否。又如臣下有所建议,君主便叫他去做,看他能照所说的做到否。名实相符的赏;否则罚。法是规矩准绳,明主制下了法,庸主只要守着,也就可以治了。君主能够兼用法、术、势,就可以一驭万,以静制动,无为而治。诸子都讲政治,但都是非职业的,多偏于理想。只有法家的学说,从实际政治出来,切于实用。中国后来的政治,大部分是受法家的学说支配的。

古代贵族养着礼、乐专家,也养着巫祝、术数专家。礼、乐原来的最大的用处在丧、祭。丧、祭用礼、乐专家,也用巫祝;这两种人是常在一处的同事。巫祝固然是迷信的;礼、乐里原先也是有迷信成分的。礼、乐专家后来沦为儒士;巫祝术数专家便沦为方士。他们关系极密切,所注意的事有些是相同的。汉代所称的阴阳家便出于方士。古代术数注意于所谓"天人之际",以为天道人事互相影响。战国末年有些人更将这种思想推行起来,并加以理论化,使它成为一贯的学说。这就是阴阳家。

当时阴阳家的首领是齐人邹衍。他研究"阴阳消息",创为"五德终始"说。"五德"就是五行之德。五行是古代的信仰。邹衍以为五行是五种天然势力,所谓"德"。每一德,各有盛衰的循环。在它当运的时候,天道人事,都受它支配。等到它运尽而衰,为别一德所胜所克,别一德就继起当运。木胜土,金胜木,火胜金,水胜火,土胜水,这样"终始"不息。历史上的事变都是这些天然势力的表现。每一朝代,代表一德;朝代是常变的,不是一家一姓可以永保的。阴阳家也讲仁义名分,却是受儒家的影响。那时候儒家也在开始受他们的影响,讲《周易》,作《易传》。到了秦汉间,儒家更几乎与他们混合为一;西汉今文家的经学大部便建立在阴阳家的基础上。后来"古文经学"虽然扫除了一些"非常""可怪"之论,但阴阳家的思想已深入人心,牢不可拔了。

战国末期,一般人渐渐感着统一思想的需要,秦相吕不韦便是作这种尝试的第一个人。他教许多门客合撰了一部《吕氏春秋》。现在所传的诸子书,大概都是汉人整理编定的;他们大概是将同一学派的各篇编辑起来,题为某子,所以都不是有系统的著作。《吕氏春秋》却不然,它是第一部完整的书。吕不韦所以编这部书,就是想化零为整,集合众长,统一思想。他的基调却是道家。秦始皇统一天下,李斯为相,实行统一思想。他烧书,禁天下藏"《诗》《书》百家语"。但时机到底还未成熟,而秦不久也就亡了,李斯是失败了。所以汉初诸子学依然很盛。

到了汉武帝的时候,淮南王刘安仿效吕不韦的故智,教门客编了一部《淮南子》,也以道家为基调,也想来统一思想。但成功的不是他,是董仲舒。董仲舒向武帝建议:"'六经'和孔子的学说以外,各家一概禁止。邪说息了,秩序才可统一,标准才可分明,人民才知道他们应走的路。"武帝采纳了他的话。从此,帝王用功名利禄提倡他们所定的儒学,儒学统于一尊;春秋战国时代言论思想极端自由的空气便消灭了。这时候政治上既开了从来未有的大局面,社会和经济各方面的变动也渐渐凝成了新秩序,思想渐归于统一,也是自然的趋势。

在这新秩序里,农民还占着大多数,宗法社会还保留着,旧时的礼教与制度一部分还可适用,不过民众化了罢了。另一方面,要创立政治上社会上各种新制度,也得参考旧的。这里便非用儒者不可了。儒者通晓以前的典籍,熟悉以前的制度,而又能够加以理想化、理论化,使那些东西秩然有序,粲然可观。别家虽也有政治社会学说，却无具体的办法，就是有，也不完备，赶不上儒家；在这建设时代，自然不能和儒学争胜。儒学的独尊，也是当然的。

《礼》

朱自清

许多人家的中堂里，供奉着"天地君亲师"的大牌位。天地代表生命的本源。亲是祖先的意思，祖先是家族的本源。君师是政教的本源。人情不能忘本，所以供奉着这些。荀子只称这些为礼的"三本"（见《礼论》）；大概是到了后世才宗教化了的。荀子是儒家大师。儒家所称道的礼，包括政治制度、宗教仪式、社会风俗习惯等，却都加以合理的说明。从那"三本说"，可以知道儒家有拿礼来包罗万象的野心，他们认礼为治乱的根本；这种思想可以叫作礼治主义。

怎样叫作礼治呢？儒家说初有人的时候，各人有各人的欲望，各人都要满足自己的欲望，没有界限，没有分际，大家就争起来了。你争我争，社会就乱起来了。那时的君师们看了这种情形，就渐渐给定出礼来，让大家按着贵贱的等级，长幼的次序，各人得着自己该得的一份儿吃的、喝的、穿的、住的，各人也做着自己该做的一份儿工作。各等人有各等人的界限和分际；若是只顾自己，不管别人，任性儿贪多务得，偷懒图快活，这种人就得受严厉的制裁，有时候保不住性命。这种礼，教人节制，教人和平，建立起社会的秩序，可以说是政治制度。

天生万物，是个很古的信仰。这个天是个能视能听的上帝，管生杀，管赏罚。在地上的代表，便是天子。天子祭天，和子孙祭祖先一样。地生万物是个事实。人都靠着地里长的活着，地里长的不够了，便闹饥荒；地的力量自然也引起了信仰。天子诸侯祭社稷、祭山川，都是这个来由。最普遍的还是祖先的信仰。直到我们的时代，这个信仰还是很有力的。按儒家说，这些信仰都是"报本返始"（见《礼记·郊特牲》）的意思。报本返始是庆幸生命的延续，追念本源，感恩怀德，勉力去报答的意思。但是这里面怕不单是怀德，还有畏威的成分。感谢和恐惧产生了种种祭典。儒家却只从感恩一面加以说明，看作礼的一部分。但这种礼教人恭敬，恭敬便是畏威的遗迹了。儒家的丧礼，最主要的如三年之丧，也建立在感恩的意味上；却因恩谊的亲疏，又定出等级差别来。这种礼，大部分可以说是宗教仪式。

居丧一面是宗教仪式，一面是普通人事。普通人事包括一切日常生活。日常生活都需要秩序和规矩。居丧以外，如婚姻、宴会等大事，也各有一套程序，不能随便马虎过去；这样是表示郑重，也便是表示敬意和诚心。至于对人，事君，事父母，待兄弟、姊妹、待子女，以及夫妇、朋友之间，也都自有一番道理。按着尊卑的分际，各守各的道理，君仁臣忠，父慈子孝，兄友弟恭，夫妇、朋友互相敬爱，才算能做人；人人能做人，天下便治了。就是一个人饮食言动，也都该有个规矩，别叫旁人难过，更别侵犯着旁人，反正诸事都记得着自己的份儿。这些个规矩也是礼的一部分；有些固然含着宗教意味，但大部分可以说是风俗习惯。这些风俗习惯有一些也可以说是生活的艺术。

王道不外乎人情，礼是王道的一部分，按儒家说是通乎人情的（见《礼记·乐记》）。既通乎人情，自然该诚而不伪了。但儒家所称道的礼，并不全是实际施行的。有许多只是他们的理想，这种就不一定通乎人情了。就按那些实际施行的说，每一个制度、仪式或规矩，固然都有它的需要和意义。但是社会情形变了，人的生活跟着变；人的喜、怒、爱、恶，虽然还是喜、怒、爱、恶，可是对象变了。那些礼的惰性却很大，并不跟着变。这就留下了许许多多遗形物，没有了需要，没有了意义；不近人情的伪礼，只会束缚人。

《老子》里攻击礼，说"有了礼，忠信就差了"（见《道德经》三十八章）；后世有些人攻击礼，说"礼不是为我们定的"（阮籍语，见《世说新语·任诞》）；近来大家攻击礼教，说"礼教是吃人的"。这都是指着那些个伪礼说的。

从来礼乐并称，但乐实在是礼的一部分；乐附属于礼，用来补助仪文的不足。乐包括歌和舞，是"人情之所必不免"的（见《荀子·乐论》《礼记·乐记》）。不但是"人情之所必不免"，而且乐声的绵延和融合也象征着天地万物的"流而不息，合同而化"（见《礼记·乐记》）。这便是乐本。乐教人平心静气，互相和爱；教人联合起来，成为一整个儿。人人能够平心静气，互相和爱，自然没有贪欲、捣乱、欺诈等事，天下就治了。乐有改善人心、移风易俗的功用，所以与政治是相通的。按儒家说，礼、乐、刑、政，到头来只是一个道理；这四件都顺理成章了，便是王道。这四件是互为因果的。礼坏乐崩，政治一定不成；所以审乐可以知政（见《礼记·乐记》）。"治世之音安以乐，其政和；乱世之音怨以怒，其政乖；亡国之音哀以思，其民困。"（见《礼记·乐记》）吴公子季札到鲁国观乐，乐工奏哪一国的乐，他就知道是哪一国的；他是从乐歌里所表现的政治气象而知道的（见《左传》襄公二十九年）。

歌词就是诗；诗与礼乐也是分不开的。孔子教学生要"兴于诗，立于礼，成于乐"（见《论语·泰伯》）；那时要养成一个人才，必须学习这些。这些诗、礼、乐，在那时代都是贵族社会所专有，与平民是无干的。到了战国，新声兴起，古乐衰废，听者只求悦耳，就无所谓这一套乐意。汉以来胡乐大行，那就更说不到了。

古代似乎没有关于乐的经典；只有《礼记》里的《乐记》，是抄录儒家的《公孙尼子》等书而成，原本已经是战国时代的东西了。关于礼，汉代学者所传习的有三种经和无数的"记"。那三种经是《仪礼》《礼古经》《周礼》。《礼古经》已亡佚，《仪礼》和《周礼》相传都是周公作的。但据近来的研究，这两部书实在是战国时代的产物。《仪礼》大约是当时实施的礼制，但多半只是士的礼。那些礼是很烦琐的，踵事增华的多，表示诚意的少，已经不全是通乎人情的了。《仪礼》可以说是宗教仪式和风俗习惯的混合物；《周礼》却是一套理想的政治制度。那些制度的背景可以看出是战国时代；但组成了整齐的系统，便是著书人的理想了。

"记"是儒家杂述礼制、礼制变迁的历史，或礼论之作；所述的礼制有实施的，也有理想的。又叫作《礼记》；这《礼记》是一个广泛的名称。这些"记"里包含着《礼古经》的一部分。汉代所见的"记"很多，但流传到现在的只有三十八篇《大戴记》和四十九篇《小戴记》。后世所称《礼记》，多半专指《小戴记》说。

　　大戴是戴德；小戴是戴圣，戴德的侄儿。相传他们是这两部书的编辑人。但二戴都是西汉的《仪礼》专家。汉代有五经博士；凡是一家一派的经学影响大的，都可以立博士。大戴仪礼学后来立了博士，小戴本人就是博士。汉代经师的家法最严，一家的学说里绝不能掺杂别家。但现存的两部"记"里都各掺杂着非二戴的学说。所以有人说这两部书是别人假托二戴的名字纂辑的；至少是二戴原书多半亡佚，由别人拉杂凑成的，可是成书也还在汉代。这两部书里，《小戴记》容易些，后世诵习的人比较多些；所以差不多专占了《礼记》的名字。

《战国策》

朱自清

春秋末年,列国大臣的势力渐渐膨胀起来。这些大臣都是世袭的,他们一代一代聚财养众,明争暗夺了君主的权力,建立起自己的特殊地位。等到机会成熟,便跳起来打倒君主自己干。那时候各国差不多都起了内乱。晋国让韩、魏、赵三家分了,姓姜的齐国也让姓田的大夫占了。这些,周天子只得承认了。这是封建制度崩坏的开始。那时候周室也经过了内乱,土地大半让邻国抢去,剩下的又分为东、西周;东、西周各有君王,彼此还争争吵吵的。这两位君王早已失去春秋时代"共主"的地位,而和列国诸侯相等了。后来列国纷纷称王,周室更不算回事;他们至多能和宋、鲁等小国君主等量齐观罢了。

秦、楚两国也经过内乱,可是站住了。它们本是边远的国家,却渐渐伸张势力到中原来。内乱平后,大加整顿,努力图强,声威便更广了。还有极北的燕国,向来和中原国家少来往;这时候也有力量向南参加国际政治了。秦、楚、燕和新兴的韩、魏、赵、齐,是那时代的大国,称为"七雄"。那些小国呢,从前可以仰仗霸主的保护,做大国的附庸;现在可不成了,只好让人家吞的吞,并的并,算只留下宋、鲁等两三国,给七雄当缓冲地带。

封建制度既然在崩坏中,七雄便各成一单位,各自争存,各自争强;国际政局比春秋时代紧张多了。战争也比从前严重多了。列国都在自己边界上修起长城来。这时候军器进步了,从前的兵器都用铜打成,现在有用铁打成的了。战术也进步了。攻守的方法都比从前精明,从前只用兵车和步卒,现在却发展了骑兵了。这时候还有以帮人家作战为职业的人。这时候的战争,杀伤是很多的。孟子说:"争地以战,杀人盈野;争城以战,杀人盈城。"(见《孟子·离娄》)可见那凶惨的情形。后人因此称这时代为战国时代。

在长期混乱之后,贵族有的做了国君,有的渐渐衰灭。这个阶级算是随着封建制度崩坏了。那时候的国君,没有了世袭的大臣,便集权专制起来。辅助他们的是一些出身贵贱不同的士人。那时候君主和大臣都竭力招揽有技能的人,甚至学鸡鸣、学狗盗的也都收留着。这是所谓"好客""好士"的风气。其中最高的是说客,是游说之士。当时国际关系紧张,战争随时可起。战争到底是劳民伤财的,况且难得有把握;重要的还是做外交的功夫。外交办得好,只凭口舌排难解纷,可以免去战祸;就是不得不战,也可以多找一些与国,一些帮手。担负这种外交的人,便是那些策士,那些游说之士。游说之士既然这般重要,所以立谈可以取卿相;只要有计谋,会辩说就成,出身的贵贱倒是不在乎的。

七雄中的秦，从孝公用商鞅变法以后，日渐强盛。到后来成了与六国对峙的局势。这时候的游说之士，有的劝六国联合起来抗秦，有的劝六国联合起来亲秦。前一派叫"合纵"，是联合南北各国的意思；后一派叫"连横"，是联合东西各国的意思——只有秦是西方的国家。合纵派的代表是苏秦，连横派的是张仪，他们可以代表所有的战国游说之士。后世提到游说的策士，总想到这两个人，提到纵横家，也总是想到这两个人。

他们都是鬼谷先生的弟子。苏秦起初也是连横派。他游说秦惠王，秦惠王老不理他；穷得要死，只好回家。妻子、嫂嫂、父母，都瞧不起他。他恨极了，用心读书，用心揣摩；夜里倦了要睡，用锥子扎大腿，血流到脚上。这样整一年，他想着成了，便出来游说六国合纵。这回他果然成功了，佩了六国相印，又有势又有钱。打家里过的时候，父母郊迎三十里，妻子低头，嫂嫂趴在地下谢罪。他叹道："人生世上，势位富贵，真是少不得的！"

张仪和楚相喝酒。楚相丢了一块璧。手下人说张仪穷而无行，一定是他偷的，绑起来打了几百下。张仪始终不认，只好放了他。回家，他妻子说："唉，要不是读书游说，哪会受这场气！"他不理，只说："看我舌头还在罢？"妻子笑道："舌头是在的。"他说："那就成！"后来果然做了秦国的相；苏秦死后，他也大大得意了一番。

苏秦使锥子扎腿的时候，自己发狠道："哪有游说人主不能得金玉锦绣，不能取卿相之尊的道理！"这正是战国策士的心思。他们凭他们的智谋和辩才，给人家出谋划策，办外交；谁用他们就帮谁。他们是职业的，所图的是自己的功名富贵；帮你的时候帮你,不帮的时候也许害你。翻覆,在他们看来是没有什么的。本来呢,当时七雄分立,没有共主,没有盟主,各干各的,谁胜谁得势。国际间没有是非,爱帮谁就帮谁,反正都一样。苏秦说连横不成,就改说合纵,在策士看来,这正是当然。张仪说舌头在就行,说是说非,只要会说,这也正是职业的态度。他们自己没有理想,没有主张,只求揣摩主上的心理,拐弯儿抹角投其所好。这需要技巧;《韩非子·说难篇》专论这个。说得好固然可以取"金玉锦绣"和"卿相之尊",说得不好也会招杀身之祸,利害所关如此之大,苏秦费一整年研究揣摩不算多。当时各国所重的是威势,策士所说原不外战争和诈谋;但要因人、因地进言,广博的知识和微妙的机智都是不可少的。

记载那些说辞的书叫《战国策》,是汉代刘向编定的,书名也是他提议的。但在他以前,汉初著名的说客蒯通,大约已经加以整理和润饰,所以各篇如出一手。《汉书》本传里记着他"论战国时说士权变,亦自序其说,凡八十一篇,号曰《隽永》",大约就是刘向所根据的底本了。蒯通那支笔是很有力量的。铺陈的伟丽,叱咤的雄豪,固然传达出来了;而那些曲折微妙的声口,也丝丝入扣,千载如生。读这部书,真是如闻其语,如见其人。

汉以来批评这部书的都用儒家的眼光。刘向的序里说战国时代"捐礼让而贵战争,弃仁义而用诈谲,苟以取强而已矣",可以代表。但他又说这些是"高才秀士"的"奇策异智","亦可喜,皆可观"。这便是文辞的作用了。宋代有个李文叔,也说这部书所记载的事"浅陋不足道",但"人读之,则必乡其说之工,而忘其事之陋者,文辞之胜移之而已"。又道,说的还不算难,记的才真难得呢（见李格非《书〈战国策〉后》）。

　　这部书除文辞之胜外，所记的事，上接春秋时代，下至楚、汉兴起为止，共二百零二年（前403—前202），也是一部重要的古史。所谓战国时代，便指这里的二百零二年；而战国的名称也是刘向在这部书的序里定出的。

中西文化之融合

李宗吾

宇宙真理是浑然的一个东西，中国人、印度人、西洋人，分途研究，或从人事上研究，或从物理上研究，分出若干派，各派都分了又合，合了又分，照现在的趋势看去，中西印三方学说，应该融会贯通，人事上的学说，与物理上的学说，也应该融会贯通，我辈生当此时，即当顺应潮流，做这种融合工作，融合过后，再分头研究。

一、中西文化冲突之点

西人对社会、对国家，以"我"字为起点，即以"身"字为起点。中国儒家讲治国平天下，从正心诚意做起点，即是以"心"字为起点。双方都注重把起点培养好。所以西人一见人闲居无事，即叫他从事运动，把身体培养好。中国儒者，见人闲居无事，即叫他读书穷理，把心地培养好。西人培养身，中国培养心，西洋教人，重在"于身有益"四字，中国教人，重在"问心无愧"四字，这就是根本上差异的地方。

斯密士（今译亚当·斯密）倡自由竞争，达尔文倡强权竞争，西洋人群起信从，因为此等学说，是"于身有益"的，中国圣贤，绝无类似此等学说，因为倡此等学说，其弊流于损人利己，是"问心有愧"的。我们遍寻四书五经、诸子百家，寻不出斯密士和达尔文一类学说，只有《庄子》上的盗跖，所持议论，可称神似。然而此种主张，是中国人深恶痛绝的。孟子曰："鸡鸣而起，孳孳为利者，跖之徒也"（见《孟子·尽心上》第二十五）。自由竞争，强权竞争，正所谓孳孳为利，这就是中西文化有差异的地方。

孔门的学说："欲修其身，先正其心，欲正其心，先诚其意。"从"身"字向内，追进两层，把"意"字寻出，以诚意为起点，再向外发展。犹之修房子，把地上浮泥除去，寻着石底，才从事建筑。由是而修身，而齐家，而治国平天下，造成的社会，是"以天下为一家，以中国为一人"。人我之间，无所谓冲突，这是中国学说最精粹的地方。

西人自由竞争等说，以利己为主，以"身"字为起点，不寻石底，径从地面建筑起走，基础未稳固，所以国际上，酿成世界大战，死人数千万。大战过后，还不能解决，跟着就是第二次世界大战。经济上造成资本主义。

孔门的正心诚意，我们不必把它太看高深了，把它改为"良心裁判"四字就是了。每做一事，于动念之初，即加以省察，"己所不欲，勿施于人"。孔门的精义，不过如是而已。然而照这样做去，就可达到"以天下为一家"的社会。如果讲"自由竞争"等说法，势必至"己所不欲，也可施之于人"。中国人把盗跖骂得一文不值，西洋人把类似盗跖的学说奉为天经地义。中西文化，焉得不冲突？

中西文化冲突，其病根在西洋，不在中国，是西洋人把路走错了，中国人的路，并没有走错，我们讲"三教异同"，曾绘有一根"返本线"，我们再把此线一看，就可把中西文化冲突之点看出来。凡人都是可以为善、可以为恶的。善心长则恶心消，恶心长则善心消，因此儒家主张，从小孩时，即把爱亲敬兄这份良知良能搜寻出来，在家庭中培养好，小孩朝夕相处的，是父亲母亲，哥哥弟弟，就叫他爱亲敬兄，把此种心理培养好了，扩充出去，"亲亲而仁民，仁民而爱物"，就造成一个仁爱的世界了。故曰："孝悌也者其为仁之本欤。"所以中国的家庭，可说是一个"仁爱培养场"。西洋人从"我"字，径到"国"字，中间缺少了个"家"字，即莫得"仁爱培养场"。少了由丁至丙一段，缺乏诚意功夫，即少了"良心裁判"。故西洋学说发挥出来，就成为残酷世界，所以说：中西文化冲突，其病根在西洋，不在中国。

所谓中西文化冲突者，乃是西洋文化自相冲突，并非中国文化与之冲突。何以故呢？第一次世界大战、第二次世界大战，打得九死一生，是自由竞争一类学说酿成的，非中国学说酿成的。这就是西洋文化自相冲突的明证。西人一面提倡自由竞争等学说，一面又痛恨战祸，岂不是自相矛盾吗？所以要想世界太平，非把中国学说发扬光大不可。

二、中国学说可救印度西洋之弊

孔老讲仁慈,与佛氏相类,而又不废兵,足以抵御强暴。战争本是残忍的事,孔老能把战争与仁慈融合为一,这种学说,真是精粹极了。所以中国学说,具备有融合西洋学说和印度学说的能力。

西洋人,看见世界上满地是金银,总是千方百计想把它拿在手中,造成一个残酷无情的世界。印度人认为这个世界,是污浊到极点,自己的身子,也是污浊到极点,总是千方百计,想把这个世界舍去,把这个身子舍去。唯老子则有一个见解,他说"金玉满堂,莫之能守",又说"多藏必厚亡"。世界上的金银,他是看不起的,当然不做抢夺的事,他说:"吾所以有大患者,为吾有身,及吾无身,吾有何患。"也是像印度人,想把身子舍去,但是他舍去身子,并不是脱离世界,乃是把我的身子,与众人融合为一。故曰:"圣人无常心,以百姓之心为心。"因此也就与人无忤、与世无争了。所以他说"陆行不避兕(sì)虎,入军不避甲兵"。老子造成的世界,不是残酷无情的世界,也不是污浊可厌的世界,乃是"如享太牢,如登春台,众人熙熙"的世界。

以返本线言之:西人从丁点起,向前走,直到己点或庚点止,绝不回头。印度人从丁点起,向后走,直到甲点止,也绝不回头。老子从丁点起,向后走,走到乙点,再折转来,向前走,走到庚点为止,是双方兼顾的。老子所说"归根复命"一类话,与印度学说相通。"以正治国,以奇用兵"一类话,与西洋学说相通。虽说他讲出世法,莫得印度那样精,讲治世法,莫得西人那样详,但由他的学说,就可把西洋学说和印度学说打通为一。

我所谓:"印度人直走到甲点止,绝不回头。"是指小乘而言,指末流而言,若释迦立教之初,固云"不度尽众生,誓不成佛"。原未尝舍去世界也。释迦本是教人到了甲点,再回头转来在人世上工作。无如甲点太高远了,许多人终身走不到。于是终身无回头之日,其弊就流于舍去世界了。老子守着乙点立论,要想出世的,向甲点走,要想入世的,就回头转来,循序渐进,以至庚点为止。孔子意在救世,叫人寻着丙点,即回头转来,做由丁到庚的工作,不必再寻甲乙两点,以免耽误救世工作,此三圣人立教之根本大旨也。

孔子的态度,与老子相同。印度厌弃这个世界,要想离去它。孔子则"素富贵,行乎富贵,素贫贱,行乎贫贱,素患难,行乎患难,素夷狄,行乎夷狄"。这个世界并不觉得可厌。老子把天地万物融合为一,孔子也把天地万物融合为一,宇宙是怎么一回事,还是怎么一回事。所谓"老者安少,少者怀之""天地位焉,万物育焉",就是这个道理。

曾子说:"暮春者,春服既成,冠者五六人,童子六七人,浴乎沂,风乎舞雩(yú),咏而归。"这几句话,与治国渺不相关,而独深得孔子的嘉许,这是什么缘故呢?因为这几句话,是描写我与宇宙融合的状态,有了这种襟怀,措施出来,当然人与我融合为一。子路可使有勇,冉有可使足民,公西华愿为小相,只做到人与我相安,未做到人与我相融,所以孔子不甚许可。

宋儒于孔门这种旨趣，都是识得的，他们的作品，如"绿满窗前草不除"之类，处处可以见得，王阳明"致良知"，即是此心与宇宙融合，心中之理，即是事物上之理，遇有事来，只消返问吾心，推行出来，自无不合，所以我们读孔孟老庄及宋明诸儒之书，满腔是生趣，读斯密士、达尔文、尼采诸人之书，满腔是杀机。

印度人向后走，在精神上求安慰；西洋人向前走，在物质上求安慰。印度人向后走，而越来越远，与人世脱离关系，他的国家就被人夺去了。西洋人向前走，路上遇有障碍物，即直冲过去，闹得非大战不可，印度和西洋，两种途径，流弊俱大，唯中国则不然。孟子曰："养生丧死无憾，王道之始也。"又曰："黎民不饥不寒，然而不王者，未之有也。"对于物质，只求是以维持生活而止，并不在物质上求安慰，因为世界上物质有限，要求过度，人与人就生冲突，故转而在精神上求安慰。精神在吾身中，人与人是不相冲突的，但是印度人求精神之安慰，要到彼岸，脱离这个世界，中国人求精神上之安慰，不脱离这个世界。我国学说，折中于印度西洋之间，将来印度和西洋，非一齐走入我国这条路，世界不得太平。

孔子曰："学而时习之，不亦说乎？有朋自远方来，不亦乐乎？人不知而不愠，不亦君子乎？"孟子曰："君子有三乐，而王天下不与存焉，父母俱存，兄弟无故，一乐也；仰不愧于天，俯不怍（zuò）于人，二乐也；得天下英才而教育之，三乐也。"中国人寻乐，在精神上，父兄师友间；西洋人寻乐，大概是在物质上，如游公园、进戏场之类。中西文化，本是各走一条路，然而两者可以调和，精神与物质，是不生冲突的，何以言之呢？我们把父兄师友，约去游公园、进戏场，精神上的娱乐和物质上的娱乐就融合为一了。中西文化可以调和，等于约父兄师友游公园、进戏场一般。但是不进公园戏场，父兄师友之乐仍在，即是物质不足供我们要求，而精神上之安慰仍在。我们这样设想，足见中西文化可以调和。其调和之方式，可括为二语："精神为主，物质为辅。"今之采用西洋文化者，偏重物质，即是专讲游公园、进戏场，置父兄师友于不顾，所以中西文化就冲突了。

中西文化，许多地方，极端相反，然而可以调和，兹举一例为证：中国的养生家，主张静坐，静坐时，丝毫不许动，而西洋的养生家，主张运动，越运动越好，二者极端相反，此可谓中西学说冲突，我们静坐一会儿，又起来运动，中西两说就融合了。我认为中西文化，可以融合为一，其方式就是这样。

有人说："孔门讲仁爱，西人讲强权，我们行孔子之道，他横不依理，以兵临我，我将奈何？"我说：这是无足虑的，孔子讲仁，并不废兵，他主张"足食足兵"，又说"我战则克"，又说"仁者必有勇"，何尝是有了仁就废兵？孔子之仁，即是老子之慈，老子"三宝"，慈居第一，他说："夫慈以战则胜，以守则固。"假使有了仁慈，即把兵废了，西人来，把我的人民杀死，这岂不是不仁不慈至极吗？西洋人之兵，是拿来攻击人，专作掠夺他人的工具；孔老之兵，是拿来防御自己，是维持仁慈的工具，以达到你不伤害我，我不伤害你而止，这也是中西差异的地方。

孔老讲仁慈，与佛氏相类，而又不废兵，足以抵御强暴。战争本是残忍的事,孔老能把战争与仁慈融合为一,这种学说真是精粹极了。所以中国学说,具备融合西洋学说和印度学说的能力。

西洋的学问,重在分析;中国的学问,重在会通。西人无论何事,都是分科研究;中国古人,一开口即是天地万物,总括全体而言之。就返本线来看,西洋讲个人主义的,只看见线上的丁点(我),其余各点,均未看见。讲国家主义的,只看见己点(国),其余各点,也未看见。他们既未把这根线看通,所以各种主义互相冲突。

孔门的学说,是修身齐家治国平天下,一以贯之。老子说:"修之于身,其德乃真,修之于家,其德乃余,修之于乡,其德乃长,修之于邦,其德乃丰,修之于天下,其德乃普。"孔老都是把这根线看通了,倡出"以天下为家,以中国为一人"的说法,所谓个人也,国家也,社会也,就毫不觉得冲突(以天下为一家,二语出《礼运》,本是儒家之书,或以为是道家的说法,故浑言孔老)。中国人能见其会通,但嫌其囫囵疏阔,西人研究得很精细,而彼此不能贯通,应该就西人所研究者,以中国之方法贯通之,各种主义,就无所谓冲突,中西文化,也就融合了。

印度讲出世法,西洋讲世间法,老子学说,把出世法、世间法打通为一,宋明诸儒,都是做的老子工作,算是研究了两三千年,开辟了康庄大道,我们把这种学说发挥光大之,就可把中西印三方文化融合为一。

世界种种冲突,是由思想冲突来的,而思想之冲突,又源于学说之冲突,所谓冲突,都是末流的学说,若就最初言之,则释迦孔老和希腊三哲，固无所谓冲突。我想将来一定有人出来，把儒释道三教、希腊三哲、宋明诸儒学说和西方近代学说，合并研究，融会贯通，创出一种新学说，其工作与程明道融合儒释道三教，成为理学一样。假使这种工作完成，则世界之思想一致，行为即一致，而世界大同，就有希望了。

就返本线来看，孔子向后走，已经走到丙点，老子向后走，已经走到乙点，佛学传入中国，不过由乙点再加长一截，走到甲点罢了，所以佛学传入中国，经程明道一番工作，就可使之与孔老二教融合。

孔老二氏，折身向前走，由身而家、而国、而天下，与西人之由个人而国家、而社会，也是同在一根线上，同一方向而走，所以中国学说与西洋学说，有融合之可能。

西洋、印度、中国，是世界三大文化区域，印度文化首先与中国接触，经宋儒的工作，已经融合了，现在与西洋文化接触，我们应该把宋儒的理学，加以整理，去其拘迂者，取其圆通者，拿来与西洋学说融会贯通，世界文化就融合为一了。

三、中国学术界之特点

有人问道："西洋自由竞争诸说，虽有流弊，但施行起来，也有相当效果，难道我们一概不采用吗？"我说："我国学术界，有一种很好的精神，只要能够应用此种精神，西洋的学说，就可采用了。"兹说明如下。

鲁有男子独处，邻有嫠（lí）妇亦独处，夜雨室坏，妇人趋而托之，男子闭户不纳，妇人曰："子何不学柳下惠？"男子曰：

"柳下惠则可，我则不可，我将以我之不可，学柳下惠之可。"孔子闻之曰："善学柳下惠者，莫如鲁男子。"这种精神，要算我国学术界特色。孔子学于老子，老子尚阴柔，有合乎"坤"。孔子赞周易，以阳刚为贵，深取乎"乾"，我们可说："善学老子者，莫如孔子。"孟子终身愿学孔子，孔子言"性相近"，孟子言"性善"。孔子说："我战则克。"孟子则说："善战者服上刑。"孔子说："齐桓公正而不谲（jué）。"又说："桓公九合诸侯，不以兵车，管仲之力也，如其仁，如其仁。"又曰："微管仲，吾其披发左衽（rèn）矣。"孟子则大反其说，曰："仲尼之徒，无道桓文之事者。"又曰："管仲曾西之所不为也，而子为我愿之乎。"诸如此类，与孔子之言，显相抵触，然不害为孔门嫡系。

我们可说："善学孔子者，莫如孟子。"韩非学于荀子，荀子言礼，韩非变而为刑名，我们可说："善学荀子者，莫如韩非。"非之书，有《解老》《喻老》两篇，书中言虚静，言"无为"，而无一切措施，与老子全然不类，我们可说："善学老子者，莫如韩非。"其他类此者，不胜枚举。九方皋相马，在牝（pìn）牡骊黄之外。我国古哲，师法古人，全在牝牡骊黄之外。遗貌取神，为我国学术界最大特色。书家画家，无不如此。我们本此精神，去采用西欧文化，就有利无害了。

孟子曰："规矩方圆之至也，圣人人伦之至也。"规矩是匠师造房屋的器具，人伦是匠师造出的房屋，古人当日相度地势，计算人口，造出一座房屋，原是适合当时需要的。他并未说："传之千秋万世，子子孙孙，都要住在这个屋子内。"又未说："这个房子，永远不许改造修补。"匠师临去之时，把造屋的器具，交给我们，将造屋的方法，传给我们。后来人口多了，房屋不够住，日晒雨淋，房子朽坏，既不改造，又不修补，徒是朝朝日日，把数千年以前造屋的匠师痛骂，这个道理，讲得通吗？

中国一切制度，大概是依着孔子的主义制定的，此种制度，原未尝禁人修改。孔子主张尊君，孟子说："君之视臣如土芥，则臣视君如寇仇。"又说："民为贵，社稷次之，君为轻。"又说："闻诛一夫纣矣，未闻弑君也。"孔子说："入公门，鞠躬如也。"孟子曰："说大人则藐之，勿视其巍巍然，堂高数仞，榱（cuī）题数尺，我得志弗为也。"孔子尊君的主张，到了孟子，几乎莫得了。孔子作《春秋》，尊崇周天子，称之曰天王，孟子以王道说各国之君，其言曰："地方百里，而可以王。"那个时候，周天子尚在，孟子视同无物，岂不显悖孔子的主张吗？他是终身愿学孔子的人，说："自生民以来，未有圣于孔子。"算是崇拜到了极点的。他去孔子，未及百年，就把孔子的主张，修改得这样厉害，孔子至今两三千年，如果后人也像孟子的办法，继续修改，恐怕欧人的德谟克拉西（即民主，英语 democracy 的音译，常见于民国初年的文章中），早已见诸中国了。孟子懂得修屋的法子，手执规矩，把孔子所建的房屋，大加修改，还要自称孔子的信徒，今人现放着规矩，不知使用，只把孔子痛骂，未免不情。

从前印度的佛学，传入我国，我国尽量采用，修改之，发挥之，所有"天台宗""华严宗""净土宗"等，一一中国化，非复印度之旧，故深得一般人欢迎，就中最盛者，厥唯"禅宗"，而此宗在印度，几等于无，唯有"唯识"一宗，带印度色彩最浓，此宗自唐以来，几至失传，近始有人出而提倡之。我们可以得一结论："印度学说，传至中国，越中国化者越盛行，带印度色彩越浓者，越不行，或至绝迹。"

我们今后采用西洋文化，仍采用印度文化方法，使斯密士、达尔文诸人，一一中国化，如用药之有炮制法，把他有毒那一部分除去，单留有益这一部分。达尔文讲进化不错，错在因竞争而妨害他人，斯密士发达个性不错，错在因发达个性而妨害社会，我们去其害存其利就对了，第一步用老子的法子，合乎自然趋势的就采用，不合的就不采用。第二步用孔子的法子，凡是先经过良心裁判，返诸吾心而安，然后才推行出去。如果能够这样地采用，中西文化，自然融合。今之采用两法者，有许多事项，律以老子之道，则为违反自然之趋势，律以孔子之道，则为返诸吾心而不安，及至行之不通，处处荆棘，乃哓（xiāo）哓然号于人曰："中西文化冲突，此老子之过也，此孔子之过也。"天乎冤哉！

四、圣哲之等级

我国周秦之间，学说纷繁，佛学虽是印度学说，但传入中国已久，业已中国化，就我个人的意见，与它定一个等级，名曰"圣哲等级表"。一佛氏，二庄子，三老子，四孔子，五告子，六孟子，七荀子，八韩非，九杨朱，十墨翟。

此表以老子为中心，庄子向后走，去佛氏为近，是为出世法，孔子以下，向前走，俱是世间法，告子谓性无善无不善，其湍水之喻，实较孟荀之说为优，古来言"性"之人虽多，唯有告子之说，任从何方面说，俱是对的，故列孟荀之上。凡事当以人己两利为原则，退一步言之，亦当利己而无损于人，或利人而无损于己，杨朱利己而损于人，故列第九，墨翟利人而有损于己，故列第十。此表以十级为止。近来的人，喜欢讲斯密士、达尔文、尼采诸人的学说，如把这三人列入，则斯达二氏的学说，其弊流于损人，斯氏当列第十一，达氏当列第十二。尼采倡超人主义，说："剿灭弱者，为强者天职。"说："爱他主义，为奴隶道德。"专做损人利己的工作，其学说为最下，当列第十三，共成十三级。尼采之下，不能再有了。中国之盗跖，和西洋之希特勒、墨索里尼，就其学说言之，应与尼采同列一栏。

我们从第十三级起，向上看，越上越精深，研究起来，越有趣味。从第一级起，向下看，越下越粗浅，实行起来越适用。王弼把老孔融合为一，晋人清谈，则趋入老庄，尤偏重庄子，这是老子的谈理比孔子更精深，庄子谈理比老子更精深的缘故。程明道把儒释道三教，融合为一，开出"理学"一派，而宋明诸儒，多流入佛氏。这是由佛氏谈理，比孔老更精深的缘故。从实施方面言之，印度行佛教而亡国，中国行孔老之教而衰弱，西人行斯密士、达尔文诸人之说而盛强，这即是越粗浅越适用的明证，我们研究学理，当力求其深，深则洞见本源，任他事变纷呈，我都可以对付，不致错误。至于实践方面，当力求其浅，浅则愚夫愚妇能知能行，才行得起来。

西人崇奉斯密士之说而国富，崇奉达尔文之说而国强，而世界大战之机，即伏于其中。德皇威廉第二，崇奉尼采之说，故大战之前德国最为昌盛，然败不旋踵。现在希特勒、墨索里尼和日本军阀，正循威廉覆辙走去，终必收同一之结果，故知斯密士等三人之学说，收效极大，其弊害亦极大。

墨子学说，虽不完备，但确是救时良药，其学说可以责己，而不可以责人，只有少数圣贤才做得到，当今之世，滔滔者皆是损人利己之流，果有少数圣贤，反其道而行之，抱定损己利人之决心，立可出斯民于水火。墨子之说偏激，唯其偏才能医好大病，现在斯密士、达尔文、尼采诸人之言盈天下，墨子之学说，恰是对症良药。

墨子之损己，是出乎自愿，若要强迫他受损，这是不行的，墨子善守，虽以公输之善攻，且无如之何！如果实行墨子之道，绝不会蹈印度亡国覆辙，我国学说理论之不完备，莫如墨子，然而施行起来，也可救印度学说和西洋学说两方之偏。所以要想世界太平，非西洋和印度人一齐走入中国这条路不可。

杨朱的学说，也是对症之药，现在的弊病，是少数人争权夺利，大多数人把自己的权利，听凭别人夺去，以致天下大乱。杨朱说："智之所贵，存我为贵，力之所贱，侵物为贱。"守着自己的权利，一丝一毫，不许人侵犯，我也不侵犯人一丝一毫。人人不利天下，天下自然太平。孟子说："杨氏为我，是无君也。"君主是从每人身上，掠取些许权利，积而成为最大的权利，才有所谓君王，人人守着自己的权利，丝毫不放，即无所谓君王。犹之人人守着包裹东西，自然就莫得强盗。实行杨朱学说，则那些假借爱国名义，结党营私的人，当然无从立起。各人立在地上，如生铁铸成的一般，无侵夺者，亦无被侵夺者，天下焉得不太平？不过由杨朱之说，失去人我之关联，律以天然之理，尚有未合。

孟子说："杨朱墨翟之言盈天下，天下之言，不归杨，则归墨。"这个话很值得研究。因为孟子那个时代，人民所受痛苦，与现在一样，所以杨墨的学说，才应运而生，春秋战国，是我国学术最发达时代，杨墨的学说，自学理上言之，本是一偏，无如害了那重病，这类办法，确是良药，所以一般学者，都起来研究，而杨墨之言就盈天下了。

孔子的学说，最为圆满，但对于当时，不甚切要。所以身死数十年后，他在学术上的地盘，会被杨墨夺去，孟子说："天下之言，不归杨，则归墨。"可见孔子三千弟子的门徒，全行变为杨墨之徒，大约孟子的师伯师叔，和一切长辈，都是杨墨之徒了，因此孟子才出来高呼："打倒杨墨，恢复孔教。"

孟子的学说，本来较杨墨更为圆满，但对于我们现在这个时代，不免稍微地带了唱高调的性质，应该先服点杨墨之药，才是对症。现在须有人抱定墨子牺牲自己的精神，出来提倡杨墨的学说，叫人人守着自己的权利，丝毫不放，天下才得太平，并且还要先吃点韩非之药，才能吃孔孟之药，何以故呢？诸葛武侯（即诸葛亮）曰："法行则知恩。"现在这些骄兵悍将、贪官污吏、劣绅土豪、奸商贵族，非痛痛地用韩非的法子惩治一下，难免不养痈遗患，故我们应当从第十级逆行上去，第十一级以下，暂不必说。

五、老子与西洋学说

我国学说，当以老子为总代表，他的学说与佛氏相通，这是无待说的，而其学说又与西洋学说相通，兹举严批老子为证：严又陵（即严复）于《老子》第三章说道："试读布鲁达奇《英雄传》中，来刻谷士一首，考其所以治斯巴达者，则知其作用，与老子同符。此不佞所以云：黄老为民主治道也。"于第十章批曰："夫黄老之道，民主之国所用也……君主之国，未有能用黄老者也，汉之黄老，貌袭而取之耳。"于三十七章批曰："文明之进，民物熙熙，而文物声名皆大盛，此欲作之且宜防也，老子之意，以为亦镇之以朴而已。此旨与卢梭正同。"又曰："老子言作用，则称侯王，故知道德经是言治之书。"

然孟德斯鸠《法意》（即《论法的精神》，下同）篇中言："民主乃用道德，君主则用礼，至于专制乃用刑。"中国未尝有民主之制也，虽老子不能为未见其物之思想。于是道德之治，于君主中求之不得，乃游心于黄老以上，意以为太古有之，盖太古君不甚尊，民不甚贱，事本与民主为近也，此所以下篇有小国寡民之说，夫甘食美服，安居乐俗，邻国相望，如是之世，正孟德斯鸠《法意》篇中，所指为民主中之真相也，世有善读二书者，必将以我为知矣，呜呼，老子者，民生之治之所用也。于第四十六章批曰："纯是民主主义，读法儒孟德斯鸠《法意》一书，有以征吾言之不妄也。"据严氏这种批评，可见老子学说，又可贯通西洋最优秀的民主思想。

现在西洋经济上所实行的，以斯密士学说为原则，政治上所采用的，以卢梭学说为原则。斯密士在经济上主张自由，卢梭在政治上主张自由，我国的老子，正是主张自由的人，我们提出老子来，就可贯通斯卢二氏之学说，斯密士的自由竞争，一变而为达尔文的强权竞争，再变而为尼采的超人主义，与中国所谓"道德流为刑名"是一样的。西洋有了自由主义，跟着就有法西斯主义，与中国有了黄老之放任，跟着就有申韩之专制，也是一样的。我们知道黄老之道德，与申韩之刑名，原是一贯，即可把各种学说之贯通性和蜕变之痕迹看出来。

我不是说中国有了老子，就可不去研究西洋的学问，我只是提出老子，见得各种学说，可以互相贯通，只要明白这个道理，就可把西洋的学问，尽量地研究。

六、学道应走之途径

西人用仰观俯察的法子，窥见了宇宙自然之理，因而生出理化各科。中国古人，用仰观俯察的法子，窥见了宇宙自然之理，因而则定各种制度。同是窥见自然之理，一则用之物理上，一则用之人事上，双方文化，实有沟通之必要。

中国古人定的制度，许多地方极无条理，却极有道理，如所谓父慈子孝，兄友弟恭，在上者仁民爱物，在下者亲上事长之类，隐然磁电感应（即电磁感应）之理，不言权利义务，而权利义务，自在其中，人与人之间，生趣盎然。西人则于人之间，划出许多界限，所以西洋的伦理，应当灌注以磁电，才可把冷酷的态度改变。中国则未免太浑囵了，应当参酌西洋组织，果能如此，中西文化即融合了。

研究学问，犹如开矿一般，中国人、印度人、西洋人，各开一个洞子，向前开采。印度人的洞子和中国人的洞子，首先打通。现在又与西洋的洞子接触了。宇宙真理是浑然的一个东西，中国人、印度人、西洋人，分途研究，或从人事上研究，或从物理上研究，分出若干派，各派都分了又合，合了又分，照现在的趋势看去，中西印三方学说，应该融会贯通，人事上的学说，与物理上的学说，也应该融会贯通，我辈生当此时，即当顺应潮流，做这种融合工作，融合过后，再分头研究。像这样的分了又合，合了又分，经了若干次，才能把那个浑然的东西，研究得毫发无遗憾，依旧还它一个浑然的特性。

宇宙真理，只有一个，只要研究得彻底，彼此是不会冲突的，如有互相冲突之说，必有一说不彻底，或二说俱不彻底。冲突愈甚，研究愈深，自然就把本源寻出，而二者就融合为一。故冲突者，融合之预兆也。譬如数个泥丸放至盘中，不相接触，则永久不生冲突，永久是个个独立，取之挤之捏之，即可合为一个大泥丸。中国、印度、西洋，三方学术，从前是个个独立，不相接触。自佛法西来，与中国固有学术发生冲突，此所谓挤之捏之也，而程明道（即程颢）之学说，遂应运而生。欧化东渐，与中国固有学术又发生冲突，此亦所谓挤之捏之也。就天然趋势观之，又必有一种新学说应运而生，将中西印三方学术融合为一。

然则融合中西印三方学术，当出以何种方式呢？我们看从前融合印度学术的方式，就可决定应走的途径了。佛教是出世法，儒教是入世法，二者是相反的。程明道出来，以释氏之法治心，孔氏之法治世，入世出世，打成一片，是走的老子途径。苏子由（即苏辙）著一部《老子解》，融合儒释道三教，也是走的老子途径，王阳明在龙场驿，大彻大悟，独推象山，象山推崇明道，也是走入老子途径。思想自由如李卓吾（即李贽），独有契于苏子由，仍是走入老子途径。又明朝陈白沙（即陈献章），学于吴康齐，未知入处，乃揖耳目，去心智，久之然后有得，而白沙之学，论者谓其近于老庄，可见凡是扫除陈言，冥心探索的人，得出的结果，无不走入老子途径。因老子之学，深得宇宙真理故也。据严批老子所说，老子之学，又可贯通西洋学说，我们循着老子途径做去，必可将中西印三方学术融合为一。

老子之学，内圣外王，其修之于内也，则曰："致虚静，万物并用，吾以观其复。"其推之于外也，则曰："修之于身，其德乃真，修之于家，其德乃余，修之于乡，其德乃长，修之于邦，其德乃丰，修之于天下，其德乃普。"孔门诚意、正心、修身、齐家、治国、平天下，一以贯之，与老子之旨正同，此中国学说之特色也。佛学传入中国，与固有的学术发生冲突，程明道就用孔门的正心诚意，与佛学的明心见性，打通为一。

现在西洋的个人主义、国家主义传入中国，与固有学术又生冲突，我们当用孔门的修齐治平，打通为一。西人把个人也、国家也、社会也，看为互不相容之三个物体，而三种主义，遂互相冲突。孔门则身也、家也、国也、天下也，一以贯之，于三者之中，添一个"家"字，老子更添一"乡"字，毫不冲突，此中国主义之所以为大同主义也。中印学术，早已融合，现在只做融合中西学术之工作就是了。此种工作，一经完成，则世界学说，汇归于一，学术一致，行为即一致，人世之纷争可免，大同之政治可期。

这种责任，应由中国人出来担任，西洋人和印度人是不能担负的，何也？西印两方人士，对于中国学术，素乏深切之研究，而中国人对于本国学术研究了数千年。对于印度学术研究了两千年，甲午、庚子之役后，中国人尽量地研究西洋学术，已四十五年，所以融合中西印三方学术的工作，应该中国人出来担负，是在我国学者，顺应此种之趋势，努力为之而已。

孟子论立身出处的原则

南怀瑾

这是孟子晚年,回到邹鲁,退居以明志的一段记录。鲁平公身边有一个得宠的近臣(弄臣),当然不是什么大臣,但随时跟在他的身边,在某些事情上,会成为重要的关键人物——后世得宠的宦官,就是这一型的人物——这个人叫臧仓。有一天,他看见鲁平公外出的车辆、卫队等都准备好了,马上就要出宫了。这时,他问鲁平公说,你以前出去,事先都会通知随从的人们目的地是什么地方。可是现在,车辆人员都准备好了,下面的人还不知道你要去哪里,他们又不敢来问,所以我来请示一下,你要去什么地方?

鲁平公说,我要去看看孟子。臧仓一听,马上抓住机会攻击孟子。他对鲁平公说,你为什么要去看他?你尊为一国之君,为什么轻易地亲自去看一个平民呢?你以为他是一个贤人吗?为人处世,能够合乎礼义的才是贤人。换言之,一个贤人所做出来的事情,就一定合乎礼义。像孟子,父亲早死。后来母亲去世,他办理母亲的丧礼,远比以前办父亲丧礼隆重得多。对于自己的父母,办丧礼时,前后都有厚薄的差别,这就是不合礼制的事。这种人,你还去看他吗?鲁平公说,那我就不去了。

这里我们看到小人的厉害处,往往是在小的地方,找到一点点小事,轻轻地一拨,情势就转变了,这就叫作"谗言"。每个人的心理,具有先天性的缺点,最喜欢听信谗言和小话。尤其做一个高居上位的人,大道理、大话听多了,厌烦了,谗言小语乘虚而入,往往非中不可,此所以历史上都赞叹明智之君的难得。其实,何止为君,凡做领导人的都要注意。乃至当一个平民的家长,处理任何一件小事,也都要注意。古人所谓"来说是非者,便是是非人",这是不易的名言。

乐正子,复姓乐正,名克,是孟子的学生,那时他已是鲁国的大夫。鲁平公有一次与齐王会面修好,在商谈国际问题时,乐正子趁机极力推崇孟子。当时随行的其他大臣,也都说孟子如何如何好,所以孟子这次回到鲁国,鲁平公想要去看看孟子。现在乐正子得到消息,鲁平公取消了看孟子的主意,就去问鲁平公,你为什么不去看孟子。鲁平公因宠信臧仓,当然就多少对他有所回护,答复乐正子时,就只说,有人告诉我,孟子办他自己父母的丧事,都有厚薄之不同,像这样的人,道德修养不够,所以我不去看他了。

乐正子说,这话从哪里说起呢?大概听人说,他对母亲的丧礼超过以前他对父亲的丧礼吧!这是因为他前一次是以士礼丧祭,行的是鱼、豚、鸡的三鼎祭礼。而后来他母亲死了,当时他有了大夫的身份,行的是羊、豚、鸡、鱼、肤的五鼎祭礼〔在抗战以前,大陆上行祭礼,还有三牲祭和五牲祭的分别。三牲是家禽（鸡）、鲜鳞（鱼）、豚肥（猪肉）。五牲是上面的三牲加上家雁（鸭）和肤（兔）]。这并不是他对父母的祭礼有厚薄轻重的不同，而是他的环境、身份、地位不一样了，他还是在依礼行事啊！

鲁平公这时候才明白，但是已经转不过弯来，于是说，不是的，我并不是指这一方面，我是说他所买的棺木、寿衣的质料不一样。给他父亲的是便宜料子，而用在他母亲身上的，都是价钱高的好棺木、好衣料、好被服。乐正子说，至于这一点，也不能说是在礼制上有所违越呀！丧祭用品的价格高低，是因为孟子的经济环境不同。他以前做士的时候，收入少，买不起价钱高的。后来当了大夫，薪水高，就可以花高价钱，买更美的棺椁衣衾了。这是孟子前后贫富情况不同，关于礼制方面，则没有不对的地方。

这一段文章，看起来好像平淡无奇，可是几千年来，社会上人情世态，都是这个样子，就是现代欧美各国也一样。中国的古谚，所谓"爱听小语"，以及"远重衣冠近重人"，一般人们都是用这些小事来评论、衡量一个人的高低、善恶、是非的，甚至成了衡量道德人格的砝码。

乐正子听到鲁平公这种推诿之词，也许心想，你身为一国的国君，又不是棺材店、殡仪馆的老板，注意别人买棺材、寿衣的事干吗？分明没有人君之度，不似人君，所以无法说下去，也就不必再说下去了。反正知道他只是个爱听小话的人，就不再说了。

于是乐正子回过头来看他的老师孟子。当然，带有几分牢骚地说，我曾经向我们的老板鲁平公提出报告，关于老师的学问道德。鲁平公听了，原本要来看你，不料老板身边有一个亲信的小人奸臣臧仓，在鲁平公面前说你的小话，放了一包烂药，阻止了我们老板，他便不来看你了。

孟子对乐正子说，他来看我，自有促使他来的因素；他如果不来看我，也自有阻止他来的因素。他来不来看我，其实不是人力所能决定的，那是天命。臧仓虽然是一个小人，说了我的坏话，但是他怎么有这么大的力量，左右我和鲁平公见面或不见面呢？你不必发他的牢骚了。

照文字来看，我们这一段，可用上面解释。但是其中"行或使之，止或尼之"这句话，我们如果做一番仔细的推敲，则发现它还有另一层的含义。

这两句话的文字很美，可作两面解释。一种是鲁平公如果去看孟子，那是因为乐正子的促成，他为孟子澄清了误会。他之所以不去看孟子，是另一个因素阻止了他，那是受了臧仓这个劈人的谗言。而一个做领袖的人，不应该受到别人左右。现在他会受人左右，那么这个领导人也就可想而知，没什么可谈的了。所以不必要怪臧仓，臧仓只不过投其所好而已。在基本原则上，他根本就没有诚心想来看孟子。

另一种深一层的解释，孟子这句"行或使之，止或尼之"是说，我的道如果能够行得通，能够实现，那么天下自然就会有人、有力量，使我受到重用，去推行我的理想。如果我的道行不通，那么不需要别人来阻止，我自己也会见势而止的。老实说，我的道行或不行，"达则兼济天下，穷则独善其身"，得机会，救天下、救国家、救社会；不得机会，个人把自己管好。这个"行"或"止"，不是人事可以安排的，在冥冥之中，自有一个不可知的气数。天下该得太平,我的道自然实行;天下该动乱,也是没有法子的事。所以我与鲁平公能不能见面,实在不是人事所可以左右的。你不必去责怪臧仓的挑拨。

上面那句话,可作两层意思来理解,也可以说是孟子立身处世的大原则。历史上,现实的社会中,一个人的立身出处,随时随地都可能遭遇这种类似事件的攻击。只要多读些历史,多经历人生,反而觉得是很平常的事,一切都会处之泰然,看得无所谓了,就如孟子对乐正子所说最后的结论。

我曾经写过四句只像偈语不像诗的话,也正好在这里提供大家作一参考:"身入名场事可怜,是非争竞奈何天。看来都是因人我,无我何妨人尽贤。"其实,在大道理上,都是因为分别人和我而有此烦恼。缩小在现实范围来讲,都是利害的冲突。人就是这样渺小可怜,但是这只是对个人自处的修养来讲。倘使要做一番事业,做一个领导人,就不能马虎,任凭情绪的冲动而听信谗言了。不然,因此而错失得力的人才,甚至牵一发而动全局,那就太不明智了。

到这里,《梁惠王》的上下两章,大概都研究完了,这也是研究《孟子》最重要的一部分。因为《梁惠王》上下两章的内容,是孟子一生中,一心一意想拯救当时极其动乱的战国时代的理想和抱负。他有救世的思想,所以他游历魏齐之间,希望能受重用于一个政权,透过这个政权,推行他的思想,对天下、对人类社会有所贡献。而他的思想当中,最高的政治原则、哲学基础,就包含在这两章书中。同时也可以说是他学问成就以后,从中年到晚年,出来游历国际间的传记缩影。

老子之学说

王国维

一、传及著书

老子名儋,周之太史也,或云楚人。其出盖不可得而详云。江都汪氏中《老子考异》曰:

《史记·孔子世家》云:南宫敬叔与孔子俱"适周问礼,盖见老子云"。《老庄申韩列传》云:"孔子适周,(将)问礼于老子。"按,老子言行,今见于《曾子问》者凡四,是孔子之所从学者,可信也。夫助葬而遇日食,(然)且以见星为嫌,止枢以听变,其谨于礼也如是;至其书,则曰:"礼者,忠信之薄而乱之首也。"下殇之葬,称引周召、史佚,共尊信前哲也如是;而其书则曰:"圣人不死,大盗不止。"彼此乖违甚矣!故郑注谓"古寿考者"之称,黄东发《日钞》亦疑之,而皆无以辅其说。其疑一也。本传云:"老子,楚苦县厉乡曲仁里人也。"又云:"周守藏室之史也。"按:周室既东,辛有入晋(《左传·昭公二十年》),司马适秦(《太史公自序》),史角在鲁(《吕氏春秋·

当染》），王官之族或流播于四方。列国之产，唯晋悼尝仕于周，其他固无闻焉。况楚之于周，声教中阻，又非鲁郑之比。且古之典籍旧闻，唯在瞽史，其人并世官宿业，羁旅无所置其身。其疑二也。本传又云："老子，隐君子也。"身为王官，不可谓"隐"。其疑三也。今按《列子》《黄帝》《说符》三篇，凡三载列子与关尹子问答（答问）之语，而列子与郑子阳同时，见于本书。《六国表》："郑杀其相驷子阳"，在韩列侯二年，上距孔子之殁，凡八十二年。关尹子之年世既可考而知，则为关尹著书之老子，其年世亦从可知矣。

《文子·精诚》篇引老子曰："秦楚燕魏之乐（歌），异传而皆乐。"按：燕，终春秋之世不通盟会。《精诚》篇称："燕自文侯之后始与冠带之国。"（《燕世家》有两文公。武公子文公《索隐》引《世本》作闵公，其事迹不见于《左氏春秋》，不得谓始与冠带之国。桓公子亦称文公，司马迁称其"予车马金帛以至赵，约六国为从"，与文子所称，时势正合）文公元年，上距孔子之殁凡百二十六年，老子以燕与秦、楚、魏并称，则老子已及见文公之始强矣。

又，魏之建国，上距孔子之殁，凡七十五年，而老子以之与三国齿，则老子已及见其侯矣。

《列子·黄帝》篇载老子教杨朱事（《庄子·寓言》篇文同，唯以朱作子居，今江东读朱如居，张湛注列子云"朱字子居"，非也），《杨朱》篇："禽子曰：'以子之言，问老聃、关尹，则子言当矣。以吾言问大禹、墨翟，则吾言当矣。'"然则朱固老子之弟子也。又云："端木叔者，子贡之世也。"又云："其死也无瘗埋之资。"又云："禽滑釐曰：'端木叔，狂人也，辱其祖矣。'段干生曰：'端木叔，达人也，德过其祖矣。'"朱为老子之弟子，而及见子贡之孙之死，则朱所师之老子，不得与孔子同时也。

《说苑·政理》篇："杨朱见梁王，言治天下如运诸掌。"梁之称王，自惠王始，惠王元年，上距孔子之殁凡百十八年，杨朱已及见其王，则朱所师事之老子，其年世可知矣。

本传云："见周之衰，乃遂去，至关。"《抱朴子》以为散关，又以为函谷关。按：散关远在岐州。秦函谷关在灵宝县，正当周适秦之道，关尹又与郑之列子相接，则以函谷为是。函谷之置，书无明文，当孔子之世，二崤犹为晋地，桃林之塞，詹瑕实守之，唯贾谊《新书·过秦》篇云："秦孝公据崤函之固"，则是旧有其地矣。秦自躁怀以后，数世中衰，至献公而始大，故《本纪》："献公二十一年，与晋战于石门，斩首六万。二十三年，与魏晋战少梁，虏其将公孙痤。"然则是关之置，实在献公之世矣。

由是言之，孔子所问礼者，聃也，其人为周守藏之史，言与行，则《曾子问》所载者是也。

周太史儋见秦献公，《本纪》在献公十一年，去魏文侯之殁十三年，而老子之子宗为魏将，封于段干，《魏世家》："安厘王四年，魏将段干子请予秦南阳以和。"《国策》："华军之战，魏不胜秦，明年，将使段干崇割地而讲。"《六国表》："秦昭王三十四年，白起击魏华阳军。"按：是时上距孔子之卒，凡二百一十年。则为儋之子无疑。而言道德之意五千（余）言者，儋也。其入秦见献公，即去周至关之事。本传云"或曰：儋即老子"，其言趩矣。至孔子称老莱子，今见于《太傅礼·卫将军文子》篇。《史记·仲尼弟子列传》亦载其说，而所云"贫而乐"者与"隐君子"之文正合。

老莱子之为楚人，又见《汉书·艺文志》，盖即"苦县厉乡曲仁里"人（按，此字衍）也。而老儋（聃）之为楚人，则又因老莱子而误。故本传，老子语孔子："去子之骄色（气）与多欲，态心（色）与淫志"，而《庄子·外物》篇则曰：老莱子谓孔子："去汝躬矜与汝容知。"《国策》载老莱子教孔子语，《孔丛子·抗志》篇以为老莱子语子思，而《说苑·敬慎》篇则以为常枞教老子。然则老莱子之称老子（也）旧矣，实则三人不相蒙也。若《庄子》载老聃之言，率原于道德之意，而《天道》篇载"孔子西藏书于周室"，尤误后人。"寓言十九"，固已自揭之矣。

其与汪氏之说相反对者，则有仪征阮氏（元）之说，谓老子本深于礼，以《曾子问》及《史记》"孔子问礼"观之，可知。其所以厌弃礼法者，则由暮年心理上之反动而然耳。此说虽属可通，然出于想象，不如汪氏之说之本于事实，为不可动也。

《老子》之书分上下二卷。自思想上观之，则此种思想，经列子、庄子，一用于韩非，而再行于汉初，故其书之为古书，无可疑也。自文字上观之：（一）以书中多叶韵，足证其为古书；（二）以其并称"仁义"，似属孟子以后之作。然据《大戴记》《左传》，则曾子、左丘明已说"仁义"，不自孟子始。老子之生年距曾子、左丘明不远，则其兼称"仁义"，固其所也。又，此书文体简短纯一，为后人所插入者甚少，其为战国初期之书，当无疑义也。

二、形而上学

孔子于《论语》二十篇中，无一语及于形而上学者，其所谓"天"不过用通俗之语。墨子之称"天志"，亦不过欲巩固道德政治之根柢耳，其"天"与"鬼"之说，未足精密谓之形而上学也。其说宇宙之根本为何物者，始于老子。其言曰：

有物混成，先天地生。寂兮寥兮，独立而不改，周行而不殆，可以为天下母。吾不知其名，字之曰道。

道冲，而用之或不盈。渊兮，似万物之宗。挫其锐，解其纷，和其光，同其尘。湛兮，似或存。吾不知谁之子，象帝之先。

此于现在之宇宙外，进而求宇宙之根本，而谓之曰"道"。是乃孔墨二家之所无，而我中国真正之哲学，不可云不始于老子也。而试问此宇宙之根本之性质如何？老子答之曰：

道之为物，惟恍惟惚。惚兮恍兮，其中有象；恍兮惚兮，其中有物。窈兮冥兮，其中有精。其精甚真，其中有信。

又曰：

致虚极，守静笃。万物并作，吾以观其复。夫物芸芸，各复归其根。归根曰静，是谓复命。复命曰常。

以此观之，则老子之所（谓）"道"：惚也，恍也，虚也，静也，皆消极的性质，而不能以现在世界之积极的性质形容之。而恍惚虚静之道，非但宇宙万物之根本，又一切道德政治之根本也。曰：

昔之得一者，天得一以清，地得一以宁，神得一以灵，谷得一以盈，万物得一以生，侯王得一以为天下正。

三、伦理政治论

宇宙万物无不相对者：天与地对，日与月对，寒与暑对，人与物对，皆相对的也。道者，宇宙万物之根本，无一物足与之相对者，故绝对的也。此老子所以称道为"一"者也。不独宇宙万物而已，人事亦然：有恶斯有善，有丑斯有美。

故曰：

上德不德，是以有德。下德不失德，是以无德。

又曰：

天下皆知美之为美，斯恶已；皆知善之为善，斯不善已。

又曰：

大道废，有仁义。智慧出，有大伪。六亲不和有孝慈，国家昏乱有忠臣。

又曰：

唯之与阿，相去几何？善之与恶，相去何若？

故道德政治上之理想，在朝绝自然界及人事界之相对，而反于道之绝对。

故曰：

绝圣弃智，民利百倍。绝仁弃义，民复孝慈。绝巧弃利，盗贼无有。此三者以为文，不足。故令有所属，见素抱朴，少私寡欲。

又曰：

不尚贤，使民不争。不贵难得之货，使民不为盗。不见可欲，使民心不乱。

其论有道者之极致，曰：

众人熙熙，如享太牢，如登春台。我独泊兮，其未兆，如婴儿之未孩。傫傫兮，若无所归。众人皆有余，而我独若遗，我愚人之心也哉！沌沌兮！俗人昭昭，我独昏昏。俗人察察，我独闷闷。澹兮，其若海。飂兮，若无止。众人皆有以，而我独顽似鄙。我独异于人，而贵食母。

若人人之道德达此境界，则天下大治。曰：

小国寡民。使有什伯之器而不用，使民重死而不远徙。虽有舟舆，无所乘之；虽有甲兵，无所陈之；使民复结绳而用之。甘其食，美其服，安其居，乐其俗。邻国相望，鸡犬之声相闻，民至老死不相往来。

此老子政治上之理想也。其道德政治上之理论，不问其是否（非）如何，甚为高尚。然及其论处世治国之术也，则又人于权诈，而往往与其根本主义相矛盾。其论处世术也，曰：

坚强者死之徒，柔弱者生之徒。

其论治国也，曰：

将欲歙之，必固张之；将欲弱之，必固强之；将欲废之，必固兴之；将欲取之，必固与之。是谓微明。柔弱胜刚强。鱼不可脱于渊，国之利器不可以示人。

又曰：

古之善为道者，非以明民，将以愚之。民之难治，以其智多。故以智治国，国之贼，不以智治国，国之福。

又曰：

以正治国，以奇用兵，以无事取天下。

程伊川（即程颐）谓："老子书，其言自不相入出，如冰炭。其初意欲谈道之极元妙处，后来却做人权诈上去。"可谓知言者矣。

老　子

钱　穆

《老子》（即《道德经》）是战国一部晚出书，不仅在论语后，还应在庄子后。《老子》书中许多重要观点，几乎全从《庄子》引申而来。只因其文辞简赅，故使人更觉很像是意蕴深玄。

荀子说：

老子有见于诎，无见于信。（《荀子·天论》）

大概《老子》书出在荀子稍前一个不知名人之手。

道家有庄老，等于儒家有孔孟，这是中国思想史里两大主要骨干。上文讲述庄子思想，没有详细说及他对"道"字的观念，此刻借老子的话来补述。老子说：

道之为物，惟恍惟惚。惚兮恍兮，其中有象。恍兮惚兮，其中有物。窈兮冥兮，其中有精。其精甚真，其中有信。自古及今，其名不去，以阅众甫。吾何以知众甫之状哉？以此。（《道德

经》第二十一章)

这是说宇宙一切原本于"道",开始于"道"。道是惚恍窈冥的。说没有又是有,说有又是没有。从道中先有法象,再有万物。万物分析到最后只是些精气,精只是气之极微不可见者。这些精气运行,有它常然可信之规律。宇宙一切现象,永远是那些精气运行所变化,因此宇宙只是一道体。我们明白得此道体,便可明白宇宙一切众始。

老子又说:

有物混成,先天地生。寂兮寥兮,独立而不改,周行而不殆,可以为天下母。吾不知其名,字之曰道,强为之名曰大,大曰逝,逝曰远,远曰反。(《道德经》第二十五章)

这是说道先天下而有,道是绝对的,又是循环的。宇宙一切都由道出。道是运行向前的,但它向前到某一限度会回归的。老子又说:

致虚极,守静笃,万物并作,吾以观其复。夫物芸芸,各复归其根。归根曰静,是谓复命。复命曰常。知常曰明。不知常,妄作,凶。(《道德经》第十六章)

大道运行不息,但必反本复始,归根回原,所以是至动至静。此种运行既有常轨,故可信。人该先明白得此道运行之常

轨。即天地间一切现象,亦莫不在遵循此运行之常轨,故曰:

昔之得一者,天得一以清,地得一以宁,神得一以灵,谷得一以盈,万物得一以生,侯王得一以为天下正。(《道德经》第三十九章)

"一"即是道,没有道便没有一切,甚至没有天、地、神与万物,亦将没有侯王。所以说:

天无以清将恐裂,地无以宁将恐废,神无以灵将恐歇,谷无以盈将恐竭,万物无以生将恐灭,侯王无以正将恐蹶。(《道德经》第三十九章)

所以天、地、神、物,尽将效法于道。但道又效法什么呢?老子说:

人法地,地法天,天法道,道法自然。(《道德经》第二十五章)

道是绝对的,因此道无所效法,即效法其自体,故曰"道法自然"。

人如何效法道呢?首先当明得此道所呈现之象。天地间必然有两种相反现象之对立,老子曰:

有无相生，难易相成，长短相形，高下相倾，音声相和，前后相随。(《道德经》第二章)

但此种对立现象，并非安住固定，而常在变动中。对立的变动便是对流。老子说：

天之道，其犹张弓欤？高者抑之，下者举之，有余者损之，不足者补之。天之道，损有余而补不足。(《道德经》第七十七章)

此种对流，好像有一个天意在主宰着，故老子又称之为"天道"。老子曰：

反者道之动，弱者道之用。天下万物生于有，有生于无。(《道德经》四十章)

道之运行，常向其相反处，强便转向弱，弱便转向强。成便转向败，败便转向成。人心好强好成，道则无所存心。故曰：

天地不仁，以万物为刍狗。圣人不仁，以百姓为刍狗。天地之间，其犹橐籥乎？虚而不屈，动而愈出。(《道德经》第五章)

万物生复死，死复生。万物虽想长生，天地并不管这些。唯其无心任运，故能"虚而不屈，竭也。动而愈出"。所以道虽永

远向前,却是无往不复。老子说:

将欲歙之,必固张之。将欲弱之,必固强之。将欲废之,必固兴之。将欲取之,必固与之。是谓微明。(《道德经》第三十六章)

这些天地间现象的变动,其起始常甚微,但到后则甚明。人之智慧,则当能明其微处。人若明白得此微,则自知所以自处。故老子曰:

柔弱胜刚强。(《道德经》第三十六章)

因刚强必走向柔弱,柔弱却又转向刚强。故曰:

强梁者不得其死,吾将以为教父。(《道德经》第四十二章)

老子只是教人柔,教人弱。以此为一切教之始,故曰"教父"。他说:

守柔曰强。(《道德经》第五十二章)
反者道之动,弱者道之用。(《道德经》第四十章)

道常向相反处运行,人若先处在自己不想要的一端,正可走向自己所想要的一端。故曰:

曲则全，枉则直，洼则盈，敝则新，少则得，多则惑。（《道德经》第二十二章）

又曰：

大成若缺，大盈若冲，大直若屈，大巧若拙，大辩若讷。（《道德经》第四十五章）

知其雄，守其雌，为天下豁。……知其白，守其黑，为天下式。……知其荣，守其辱，为天下谷。（《道德经》第二十八章）

人若喜雄、白、荣，便该守雌、黑、辱。雌、黑、辱有获得雄、白、荣之道。若想牢居在雄、白、荣的位上，反而会堕入雌、黑、辱的境遇了。所以说：

企者不立，跨者不行，自见者不明，自是者不彰，自伐者无功，自矜者不长。其在道也，曰余食赘形，物或恶之，故有道者不处。（《道德经》第二十四章）

故曰：

持而盈之，不如其已。揣而锐之，不可长保。金玉满堂，莫之能守。富贵而骄，自遗其咎。功遂身退，天之道也。（《道德经》第九章）

◇ 老 子

庄子是豁达豪放人，事事不在乎。老子是一谨小慎微者，步步留心，处处在意。故曰：

古之善为士者，微妙玄通，深不可识。夫唯不可识，故强为之容。豫兮若冬涉川，犹兮若畏四邻，俨兮其若客，涣兮若冰之将释，敦兮其若朴，旷兮其若谷，浑兮其若浊。（《道德经》第十五章）

这一种态度，永远像在犹豫，在畏缩，在观望，在掩盖着自己的真态度不让暴露，准备好时时随机应变。所以说：

我有三宝，持而保之。一曰慈，二曰俭，三曰不敢为天下先。慈故能勇，俭故能广，不敢为天下先，故能成器长。（《道德经》第六十七章）

此三宝中，"俭"与"不敢"，最见老子真情。"慈"则最多只是一种老年之爱，世故已深，热情血性都衰了。譬如哄小孩般。这一意态，仍是他所说"天地不仁""圣人不仁"之冷静意态。对一切自然现象不敢轻加毁伤以自逞己欲。（以较孔子，老子固见其为"不仁"，若较韩非，则又确见其为"慈"。此是老子较韩非深远处。）《庄子·天下》篇称其"以空虚不毁万物为实"，此可为老子"慈"字之真解。总之老子是一位精于打算的人，正因其精于打算，遂有他"无为"的主张。他说：

· 141 ·

其安易持，其未兆易谋，其脆易泮，其微易散。为之于未有，治之于未乱。合抱之木，生于毫末。九层之台，起于累土。千里之行，始于足下。为者败之，执者失之。是以圣人无为，故无败。无执，故无失。民之从事，常于几成而败之。慎终如始，则无败事。是以圣人欲不欲，不贵难得之货，学不学，复众人之所过，以辅万物之自然而不敢为。（《道德经》第六十四章）

他又说：

善行无辙迹，善言无瑕谪，善数不用筹策，善闭，无关楗而不可开，善结，无绳约而不可解。（《道德经》第二十七章）

道之出口，淡乎其无味。视之不足见，听之不足闻，用之不足既。（《道德经》第三十五章）

故曰：

为无为，事无事，味无味，大小多少，报怨以德。图难于其易，为大于其细。天下难事必作于易，天下大事必作于细。是以圣人终不为大，故能成其大。（《道德经》第六十三章）

老子认为人若明白得此道，可以长生，可以治国（庄子思想中有神仙祈向，老子无之。老子思想中有长生祈向，庄子无之。后来之道士则集合为一。庄子思想之推演，近似近代西方之无政府主义。老子思想之推演，近似近代西方之民主政治。）可以用兵，可以交与国，取天下（庄子思想绝不及此等事。后来道家黄帝、太公诸伪书皆本老子）。而老子思想之最高蕲向则在"天人合一"。他说：

道生之，德畜之，长之育之，亭之毒之，养之覆之，生而不有，为而不恃，长而不宰，是谓玄德。（《道德经》第五十一章）

圣人不积，既以为人己愈有，既以与人己愈多。天之道，利而不害。圣人之道，为而不争。（《道德经》第八十一章）

可见老子思想，最尚自然，但还是最功利的。最宽慈，但还是最打算的。百姓不识不知，本身即是一自然。圣人则看得清楚，打算得精密，其本身也即是一自然。众人如万物，圣人如天。老子之天人合一观，是把众人和圣人分别言之的。《庄子·天下》篇称老子为"古之博大真人"（《天下》篇不出庄子手笔）。

像上引两节，一节是言道，一节是言合于道之圣人。老子这一种意境，确可膺当此博大真人的徽号，但还是掩盖不了他功利打算的精神。老子虽竭力主张尚法自然，尊道贵德，而达于天人合一之境界，但他终究太精打算了，似乎精细更胜过了博大。

《庄子·天下》篇又说他"以深为根，以约为纪"，那是对老子最扼要的评语。他的心智表现，是最深沉，而又最简约的。此后中国的黄老之学，变成权谋术数，阴险狠辣，也是自然的。

门外议儒家

金克木

甲：现在谈论传统文化，谈论新儒家，好像很热闹。你我都是知书识字，算不算儒？

乙：不算。

甲：怎么不算？给孔夫子磕过头，念过经书，没出家当道士，没当和尚，没信基督教或别的教，那就是儒。你不承认，是不是怕秦始皇"坑儒"？

乙：不是。"坑儒"不是坑所有的读书人。秦朝伏胜还当"博士"，活到汉朝传授《书经》。你说的"儒"是"孔教会"的教徒。我说的是有确定含义具体人物思想行为的种种的儒。

甲：照你的说法，只有孔子、孟子、荀子和他们的门徒才算是儒，仅存在于春秋战国时期，也就是说，先秦的是儒，以后的全不算？

乙：不然。秦以后还有儒。汉代有汉儒。西汉的董仲舒、东汉的郑玄，都讲孔子，又各有一套，彼此也大不相同。唐代的儒只有韩愈等几个人，又和汉儒不同，以反佛、反老为主。北宋有程颢、程颐兄弟,南宋有朱熹、陆九渊,又各不相同。他们都没有成为官学。朱熹的学说还被朝廷宣布为邪说。这是宋儒。到了元代,蒙古人统治全中国以后才对朱子的理学大加宣扬,定为正统。他的书为考试做官所必读,一直延续到明清两代。平常说的儒家指的是他的门下。现在又说"新儒家"指的是现代的几位讲学的大家,非汉,非宋,非先秦,不过有时也挂在宋以来的儒的头上。

甲:你要确切,那就不能不分别其异。但他们都称为儒,都尊孔,能不能求其同?

乙:他们的同可从非儒的外国同样著书立说的人比出来。请比一比中国儒生和印度出家人以及欧洲教会中的学者在生活上有何不同?

甲:印度佛教和尚以及其他教的出家人,靠"施主"的布施为生。欧洲的神父靠教会。在神学院变成大学以后,不管穿不穿道袍,仍是靠教会,也靠外来的布施,"施主"是或官或商或财主。中国的同类人从孔夫子起就是靠教书,靠做官,无论如何离不开朝廷。老子、庄子也是一样。秦始皇废私学,设"博士",统一教育由官办,学法者"以史为师"。从此以后,从汉到清一直没变。官学、私塾念的都是应付考试做官的书。所谓"隐士"也离不开官府。"翩然一只云间鹤,飞去飞来宰相衙。"这是中外之异,也就是中国内部之同吧?对不对?

乙:依我看,由生活决定,中国的儒生首先必须具备使用价值,能直接、间接为朝廷所用。可以不做官,或者做不成官,但必须有可用之道,可为统治者或准备当统治者的人认为有用。各国的和尚、神父可以关门研究抽象的"终极"问题,住在庙里或游行教化,讲自己的科学和哲学,可以计算天上星辰而不必编定实用历法。中国儒生就不行。中国读书人躲不开政治,并不是从孔夫子才开始。我们没有外国那种宗教和神话的书。从甲骨卜辞起,古书都与现实政治有关。老子逃政治,必须"出关"。孔子要逃,也只有"居九夷",或"乘桴浮于海"。

甲:科学技术不必论,直到宋代沈括、元代郭守敬都兼通历算。连唐朝和尚一行都讲密宗,又通天文历法。明以后"畴人"也没断。问题是,不讲这些又没有技术的儒生,只会讲道理,有什么用?怎么能"应帝王"?

乙:中国儒生讲的道理的共同点是建立序列。"有序"是任何统治者所必需的。"无序"不过是破人家的"序"的手段,目的还是建自己的"序"。建"序"大概是从孔夫子到康有为以及后来儒生的共同点。因此,尽管不同也都可以称为儒。他们的"序"的内容,从汉儒起是建"礼",从宋儒起又建"统",终于建"理",大加扩展以至于能横贯佛、老以至外国,达到"万事万物莫不有理"。完成这个建"序"大业的是南宋朱熹,所以蒙古人有横贯亚洲建立四大汗国的底子,就特别喜欢他的这一套。许衡等儒生的献策,如果没有适应统一大帝国的这个前提,是不会被蒙古统治者所赏识的。至于什么是"礼""统""理",还是请你说吧。

甲:《儒林外史》中的马二先生最痛快。他说孔夫子也要做"举业"。"天天说'言寡尤,行寡悔',哪个给你官做?"他说各时代有各种"举业",一点不错。孔二先生,我们的祖师爷,周游列国所为何来？不论汉儒、宋儒，理学、心学，都出不了这个范围，都是要建"序"，所以才都尊孔夫子。他们都是做"举业"。千变万化，各种解说，无非是适应新需要，重复旧道理，都是为了这一连串等级的阶梯。我说的这些，你是不是同意？

乙：那何妨先请你说说"礼"。笼统说"序"不能定你我讲的是不是一回事。

甲："礼"首先是为朝廷制礼作乐。汉初有叔孙通定"朝仪"。蒙古皇帝也同样需要这一套。汉人儒生对蒙古皇帝的建议就是"治汉人当用汉法"。孔子传授的礼就是"礼别尊卑"。君臣，父子，一个高坐受礼，一个拜倒叩头，这样就不是同等的人了。各朝开国时都有这一套。契丹人耶律楚材曾劝蒙古皇兄拜新皇帝而达到安定。不过儒生单靠教这种礼只能时兴于开国一时，所以还得有另一套礼。这就是制定官僚机构及其运转方式，换句话说，是如何提拔选用和排列官吏来实现这个礼并做有利运转。这不仅是最早的《周官》那套理想职官表和爵位排行榜。唐代实行考试，实际还靠推荐和名气，没有断绝汉代的旧习惯。宋代考试形式严密，但是文人做官是给皇帝当秘书，虽可以带兵，但不会打仗，只有空谈。文武双全的官吏很少。

元代儒生献出了考"经义"的条例。这时确定下一条：名为考文章，实是限思想，中不中靠运气，用不用在主人。给老百姓一条做官路，不让其断绝希望。在考试中确定以朱熹的《四书集注》为题目及内容的不可动摇的标准，文体也定出死板的格式。王恂、许衡等人既定历法，立朝仪，又创出了经义八股文考试。这套考文官制度，后来英国人治印度时学去了。文官考试是一大发明，其中奥妙一时说不完。实际上做官之路多得很，不止考试一条，其中自有妙用。

乙：你去过祭孔子的文庙没有？那恐怕就是元代崇儒的第一个成果。汉武帝只在太学专业里尊儒。汉、唐、宋皇帝都是信道多过于信孔的。孔子尊于元代。蒙古皇帝听从汉人的建议，封孔子为"大成至圣文宣王"。于是，孔子戴上了平天冠，一位端然正坐的王者之像出现了。文庙中神的格式和佛庙一样，不过是以"木主"牌位代替塑像，佛的像全一样。要分别谁是阿弥陀佛，谁是释迦牟尼佛，只好看"一佛二菩萨"，由旁边侍者的形象不同来判断。从元代起，孔子也有了侍者，那便是由贤升圣的颜、曾、思、孟。然后有了十八罗汉，那便是以程、朱为首的陪祀的历代列位大儒。这都是从《四书集注》来的。此书出于宋，尊于元，效果见于明。清代发生（的）许多问题由此而来。

甲：我来接着讲"统"。印度佛经中没有什么列祖列宗的说法，一到中国就有了，特别是禅宗，据说是"佛祖拈花，迦叶微笑""以心传心"，于是有了不用口传的一代一代祖师。然后是菩提达摩"一苇渡江，九年面壁"，成为"中土初祖"。以"衣钵"为符号传法，传到六祖，有了分歧。不说话的修行禅变成了专说话的《语录》禅。这一宗兴起于唐，而《语录》编于宋，庙规定于元。"禅"从此大大盛行，普及于教外。

儒生同时同步也有了"道统"，起于唐朝韩愈的《原道》。他说这个"道"不同于老子利佛的"道"，是尧传舜，舜传禹，然后是汤、文王、武王、周公、孔子，"孔子传之孟轲，轲之死，不得其传焉"。这说法是反佛的，可是同禅宗的说法一样，不知谁影响谁。彼此都没有经典根据，都是"以心传心"。孔、孟不同时，当然也是这样传的，只是没有"衣钵"为依据，仿佛缺传国玉玺。宋代《语录》禅流行，《四书集注》"应运而生"。文庙排座位由此出现。同时政权也以南宋偏安为"正统"，与辽、金、元争"统"。元代是禅宗占领佛庙，理学或道学占领孔庙。中国的近古和近代思想形成而且有了形象表现是起于元代。我说的对不对？

乙：我觉得不错。若不然，怎么解说朱夫子特别提高孟子，而且还要从汉朝人编定的《礼记》中选出《大学》《中庸》两篇文来配《论语》《孟子》？因为照程、朱说法，《大学》是曾子（参）所作，《中庸》的作者是曾子的门人子思（孔伋，孔子的孙子），孟子又算子思的门徒，加上《论语》中首席弟子颜回，这四位在孔子旁边"陪享"，当侍者，座位就排定了。孟轲升为"亚圣"，由元朝的文宗皇帝封为"亚圣邹国公"。孟子升格，从此理学、道学或儒学便成为"孔孟之道"了。

佛教和儒家的这些变化正是中国人传统思想祖先崇拜的产物。传代是第一要紧的事。朱子在《四书集注》的最后，《孟子注》的末尾说得最清楚。"孟轲死，孔子之学不传……千载无真儒……（程颢）先生生乎千四百年之后，得不传之学于遗经，以兴起斯文为己任，辨异端，辟邪说，使圣人之道焕然复明于世，盖自孟子之后一人而已。"从汉到唐的儒全被抹掉了。"道统"万岁！

甲：建"统"完成于元代大帝国，是汉族经过和契丹辽、女真金、蒙古元以及西夏、大理、吐蕃等多族接触而产生的。在这个意义上，可说元代包括南宋是中国的"文艺复兴"时期，只是和欧洲的"文艺复兴"方向相反。他们走向春秋战国，我们到了秦朝。这且不说，除建"统"以外，"道""理"方面有什么可谈？别讲哲学。

乙：这可以从《大学》《中庸》的破格提升看出来。《大学》是经过朱熹改造的，是他的"整旧如新"创作。把"正心""修身"和"治国""平天下"连接起来，这就是所谓"内圣外王"之学。《中庸》不知是秦末汉初什么人的手笔，也不知为什么能在《礼记》中保存下来。这篇文章或文章组合在汉传古代经典中是独一无二的。开头就提出了"命、性、道、教"等"范畴"术语，又有一段把孔子"仲尼"上升为神，等同于天地、四时、日月。其中讲的"性"是"天命之谓性"。《论语》里明明说："夫子之言性与天道，不可得而闻也。"《中庸》讲"性"是谁听孔子说的？"儒分为八"，这是哪一家？想不到这一组冷文章过了一千几百年热起来，派上了大用场。孟子和告子辩论的"性"是人性，又讲"浩然之气"，讲各种的"心"。

《中庸》《孟子》合流，不但古时可以和异端佛教对抗，而且后世又可以和欧洲所谓哲学来对应，成为"形而上"的学（"形而上者谓之道"）。"道"的作用越来越大。究竟是孔、是孟、是程、是朱，还是别的什么人，分不清了。儒"道"之妙，妙不可言。不懂这个，恐怕难懂中国人。

甲：真要讲孔子，恐怕得先分析《论语》。中国古籍多半是"杂俎"，不能笼统说。不限定材料，怎么研究？不分析怎么理解？

乙：我们这样谈论儒是尊还是贬？我们自己以为只是依据实际，考察现象，发现问题，寻求解说，无所谓褒贬。可是，照我看，只怕是像古老笑话说的，两个近视眼议论庙门口匾上的字，实际上匾还没挂出来。我们在儒门之外谈儒是不是两个近视眼？

甲：我相信匾终究是要挂出来的。我们是有点"超前"吧？

乙：那就不必读下去了，等 21 世纪再见吧！

读《大学》

金克木

近读《大学》，不免要"饶舌"，当然只是对非专家闲谈。

谈到中国文化和哲学难免要提到儒家。一提到儒家，少不了三个人：孔子（前551—前479）、董仲舒（前179—前104）、朱熹（1130—1200），这三位思想家处在不同时期。孔子处在开始分崩离析趋向不稳定的天下，董仲舒处在统一的稳定的天下，朱熹处在分崩已久要趋向大一统的天下。在欧洲、印度、中国三大文化共处的"天下"中，这也正好是个重要时期，出现大思想家。

1. 希腊的苏格拉底（前469—前399）、印度的佛陀（释迦牟尼）、耆那（大雄）和一些《奥义书》，都与孔子同在公元前六至前五世纪。

2. 罗马统治下犹太的耶稣，出生比董仲舒死时只晚约一百年。印度在公元前后有各种总结性典籍大批出现，许多教派纷立，兴起于东北的摩揭陀国的孔雀王朝灭亡（约前187），兴起于西北的大月氏人的贵霜王朝建立起来（约1世纪）。

3. 欧洲中世纪结束而文艺复兴开始时期的但丁（1265—

1321），晚于朱熹不到百年。印度在这期间现了最后一位古典大哲学家罗摩奴阇（约11—12世纪），代表阿拉伯文化的伊斯兰教已占领了北印度。以上这些人中，看来只有董仲舒处于西汉的统一稳定时期，所以唯有他可以声称"天不变，道亦不变"，欧洲和印度从12世纪以后再没有出现像罗马帝国早期那样政治和文化一致的大统一。唯有中国却是维持了元、明、清三朝的大统一局面，能像汉、唐那样纷繁错杂而又定于"一尊"，尽管所"尊"的对象的表面和内容未必一致。类似情况也许只有日本有，所以自己吹嘘"万世一系""八纮一宇"但范围之大不及中国。12世纪幕府兴起，武士取代贵族。文化上仅有11世纪的《源氏物语》在全世界首创长篇小说。若讲比较文化和比较哲学，这些现象大概是值得研究而且已有不少人进行探讨的。

做比较文化研究大致有三方面：一是寻轨迹，究因果；二是查中介（冲突焦点或传播途径），析成败；三是列平行，判同异。至于方法，孤立的"个案"研究和笼统的"概论"判断似乎都不够了。资料和课本的编写在世界日益缩小、信息日益繁多的情况下也会难以应付要求。20世纪开始不久就出现了相对论和量子力学，加上牛顿的经典理论，对物质世界有了进一步的理解。由此认识到，在地球上和宇宙中和原子世界内物质运动规律是彼此不同的。这些科学结论虽然难懂，但其中的哲学思想迅速延伸，渗入许多方面。有些看来很像脱离科学的哲学思想，只要是新起而非仅承袭19世纪的，无不涉及这种对宇宙的新认识。科学在宇宙的大、中、小三方面加紧钻研，迅速前进，哲学不能视而不见。问题是在面对人类自己的时候怎么研究。

20 世纪后期，由于这些本来好像脱离实际的研究迅速在技术中发挥巨大作用，一般人才普遍震惊，更加紧迫地要求对人类自己的研究也能像 19 世纪的达尔文和马克思那样来个大突破。自然和社会虽不能说已经可以作为统一研究的对象，但分割研究在生态学出现以后也不无困难了。既不能不分割，又不能不统一，这必然要出现新局面。21 世纪的桅尖已在望中，只看思想家从哪里突破了。

我发这一通未必正确的议论和《大学》这本书有什么关系？我说的正是读这本书时想起的。《大学》讲的是"大学之道"，"平天下"之"道"，我想朱熹当年所处的世界和所想的问题和今天的未必不相仿。他当时的世界（即中国）远不是董仲舒的，有点像孔子的却又不是。春秋是大分裂的初期，离大统一的秦还有几百年；南宋后期却是大分裂的末期。五代以来已分裂了三百年，若渤海、南诏、吐蕃都算，分裂期还要长久。这时"天下"的经济日益发达，统一要求超过了分散发展，政治上能不能有相应的模式，在哲学家看来就是思想上能不能有相应的模式（理或道）。从北宋以来，汉族的思想家就以传统汉文化为主而兼采民间（这些人多不是高官），探讨这个问题。在南宋将亡，蒙古人将作为历史工具而摧枯拉朽完成天下大统一之际，真正的伟大思想家不能不关心天下大势，不能不谋求出路。他们也许找得很不对，但非找不可。

朱熹找到的总结大纲就是"四书"。四部书中的纲领是《大学》。这不是孔子的书，只好挂在曾参的名下；把《中庸》配上，挂在孔伋即子思的名下；把《论语》作为吹嘘首席弟子"不违如愚"什么自己话也未说的颜回的书;再加上话说得最多的孟轲言行录《孟子》。于是"四书"完成,"颜、曾、思、孟"在孔子神位两旁一直被供奉到清末。朱熹的"四书",特别是《大学》,好比同时期的但丁的《神曲》、罗摩奴阇的《梵经吉祥注》,都托名古籍和古人(罗马诗人引导但丁),而实际是提出方案和思想体系,以求解决自己所处的世界中的迫切大问题。至于作用大小和价值高低,那是今天评论的问题,不是书和人本身的问题。

《大学》本来是汉朝儒生整理出来的《礼记》中的一篇。它突出成为"四书"之一,在元、明、清三代的科举中作为考题的一个来源,成为必读书,这是朱熹的《大学章句》起的作用。朱熹的理学在南宋后期被政府斥为"伪学"(1196年庆元党禁)。蒙古族初兴时才传到北方(1236),仅过七十多年(1313),"四书"朱注就被元朝钦定为科举考试中不分蒙古人、色目人、汉人、南人的必考书。朱熹自己非常重视《大学》。他一生只在朝廷中做了四十天的京官,职务是给皇帝讲书,讲的就是《大学》(1193)。他随即获罪,免官被贬。他活了七十一岁,临死前(1200年三月辛酉)还修改《大学》中讲"诚意"一章的注。过了两天(三月甲子)就去世了。

朱熹对中国的影响之大是尽人皆知的。"五四运动"打倒的"孔家店"其实是朱家开的店。宋以后所谓儒家指的正是朱氏之儒,加上了程氏一块招牌,自称孔孟祖传,和汉唐的儒不同,更不是秦以前的春秋、战国之儒。朱熹由皇帝下诏而和几位理学家一同入孔庙"配享"是在元代(1312)。元朝将亡时(1362)还给朱熹加封为齐国公,追谥他的父亲。元朝亡后,明清两朝继续尊崇朱熹，继续以朱注为标准用"四书"题进行科举考试。现在要问：为什么会这样？朱熹的哲学思想体系有什么特点，使它能起这样大的历史作用？从他生前到死后，在七八百年间，朝野一直有人反对，却又一直被朝野许多人尊崇，这是为什么？为什么蒙、汉、满三族统治者都尊崇他？

不妨就《大学》分析一下。这是朱熹精心改造过的本子，不是汉朝儒生整理出来的一篇文章原样，但文本的基本内容未变。为什么先有二程，后有朱熹，看中《礼记》中的《大学》《中庸》这两篇，摘出来加以改造，重新解说，用来补充《论语》和《孟子》？这里面有什么奥妙？《中庸》内容是另一问题。现在先问：《大学》补了孔、孟缺的什么，值得朱熹这么重视？南宋后期，12世纪，蒙古族即将席卷全国统一天下（1279）的时期，朱熹的全部思想和著作的中心，他所最焦急的大问题，甚至连他自己也说不明确的，究竟是什么？这能不能从考察"四书"，尤其是《大学》这部"初学入德之门"（即基本必读书）里找得出来？

历史已成过去。隔了八百年，今天一眼就可以看出，当时各族、各地经济已发展，人民生活及思想的要求，包括西部一些民族地区在内，是不能再忍受继续分裂，而要求一个统一的"天下"，使物质和精神的产品得以内外广泛流通，获得更大发展。当时水运、陆运、城市工商业都已兴盛，南宋都城临安（杭州）已成为"销金锅"，俗文化大大抬头。北方辽、金的首都北京也差不多。城市繁荣一方面说明对乡村剥削的加剧，另一方面也说明乡村生产的可供剥削的物资的增长。这和元末、明末的情景类似，但经济榨取和政治压迫情况有所不同。因此，分裂趋于一统是大势所趋，人心所向。

这情景又类似秦以前的战国末期。蒙古太祖元年是1206年，朱熹死后仅六年。以朱熹和他所属的阶级、阶层、集团的眼光看，当时正是天下必然要复归于治，要"定于一"。怎么治？一统于什么？怎样看待当前的各国和未来的一统江山和人民？怎样一统？一统后怎样？不一统又怎样？这就是朱熹抬出讲"修身"直到"治国""平天下"的纲领文献《大学》的背景，已超出了程颐所谓"入德"的范围。朱熹眼中的"德"是"明明德"之"德"，和程氏兄弟所理解的意义不见得完全一样。因此，朱熹强调"道统"，修改《通鉴》为《纲目》，仿《春秋》，标"正统"。这些都是为了回答时代主题，即主要共同问题。

朱、陆之争，尤其是朱对陈亮（字同甫，世称龙川先生，浙江永康人，南宋思想家。编者注）的"王霸义利"之辩，都是由此而来。宋朝廷禁朱熹"伪学"，说他暗袭"食菜事魔"的民间宗教（承袭祆教的摩尼教、明教），甚至连朱注都查禁，虽有诬词，也不无缘由，是怕他"越位"提出的政纲。由此可见当时回答时代主题时相争之烈，绝不可只注意统治集团的人事纠纷和私人政治斗争的表面现象。

那么《大学》究竟有什么特殊之处获得朱熹特赏，一举而提升到这么高的地位呢？

下面试略考察《大学》，从结构开始。

要分析《大学》的结构，先得分析"四书"的结构。这四部书是朱熹提出来和"五经"并列，实际是用以解说"五经"，暗中替换"五经"的。明、清两代八股文考题都出于"四书"。小学生首先背诵"四书",要连"朱注"一起背诵。作应考的"时文"不能脱离朱熹的注。明、清的古文名义上继承唐代韩愈的古文,其实是和"时文"即八股文对立的,不仅是和骈文对立。但是明代的归有光和清代的方苞既都是"古文"的提倡者,又都是"时文"的最高峰,甚至他们的八股文比古文作得也许还好些。归有光评点《史记》,专论文章,是为这两种文体打下共同基础,两者是通气的。

这种评点产生了古文"八大家"的选本,影响到了小说中"才子书"的评点。从应考文学到通俗文学至少在明、清两代是通气的。八股文影响了所有读书人。"代圣人立言"暗中几乎主宰一切。"四书"在思想上和文体上从元代到清代统治了文人整整六百年之久(1312—1912)。"四书"之中,《论语》《孟子》原已列入《十三经》,只有《大学》和《中庸》是从《礼记》中抽出来的。朱熹不取《十三经》中的《孝经》,也不选《礼记》中载孔子语录的《檀弓》等篇,而提高这两篇,编入"四书",道理何在?

简化来说,"四书"的结构明显是自成一个系统,与"五经"无关。

《论语》——"孔"的言行录。一些思想和行为的原理。第一资料库。

《孟子》——"孟"的言行录。一个政治思想体系。第二资料库。

《大学》——引"诗云"的专论。政治学纲领。

《中庸》——引"子曰"的"孔"的言行录加专论。人生观和宇宙观。

再加简化，照朱熹的排列次序：

1.《大学》——政治纲领。
2.《中庸》——哲学核心。
3.《论语》——基本原理。
4.《孟子》——思想体系。

按照古代惯例，无论什么新思想都得依傍并引证古圣先贤，最好是利用古书作注，好比新开店也要用老招牌，不改字号。中国儒家是"言必称尧舜"，其他家也多半这样标榜祖师爷，外国古代也不例外。从印度到欧洲古代总要引经据典，假借名义，改窜古籍，直到"文艺复兴"还要说是"复兴"（再生）。其实古书的整理和解说往往是已经"脱胎换骨"了。柏拉图的《对话集》中的苏格拉底已是柏拉图自己了。中国汉代"抄书"整改了一次，宋代"印书"又整改了一次。

从朱熹到"五四运动"的统治思想，或者推广说是社会文化（不仅上层有），可以简化说为"四书"思想文化。"四书"之中，《论语》和《孟子》是"经"，好比佛教的"小乘"经和"大乘"经，《大学》和《中庸》好比佛教的"论"，是讲道理的专著。"礼"好比佛教的"律"，是注里实际应用的规范。《大学》《中庸》都出于《礼记》，即关于"礼"的总集。对一般和尚说来，"律"即"礼"，是重于"经"和"论"的，是生活的准则。朱熹在《中庸》前面引程颐的话，标明这篇是"孔门传授心法"，竟借用宗教语言。

他在《大学》前面也引程颐的话，标明这篇是讲"为学次第"的，而且公然说"论、孟次之"。由此可见，这四部书是经过精心选择而且排了次序的。所谓"入德之门"就是指基础，"为学次第"就是指纲领。所谓"入德""为学"是古人说法，其实就是说思想体系的基础和纲领。

《大学》是最明确的纲领。汉人所传本来只是理论之一支，而且文章系统还不够严密，未显出重要性；经朱熹一改，一补，一注，成为"宪章"性的经典。朱熹在篇末再一次指出"在初学尤为当务之急"，不但必要，而且首要，而且是迫切的要求。"初学"是指入门打基础，好比婴儿的"开口奶"。因此，"四书"之中首先要弄清楚《大学》是怎么一回事。

现在考察《大学》本身的结构。为免冗长，只引朱熹订补的本子分析纲领。

汉代人整理古籍传授弟子可能类似现在整理汉墓及新疆出土的汉简，不过他们有口头传承且用"今文"写下，应当容易些。《礼记》是戴氏叔侄所辑的本子，现在只传"小戴"本。他们在汉宣帝时任"博士"（公元前1世纪），所辑的书应当有不少是断简残篇，因此结构显得有些凌乱。程、朱由此认为"错简"，以己意重编，加以增补，并未删节。不论小戴本或朱注本，文本层次可以明显分别为二：一是引《诗》《书》、"子曰"以及曾子和孟献子的话及解说；二是公式性质的纲领文句。就思想内容和考证文本说，前者有重要性，但就结构说，可以着重分析后者，即公式。

◇ 读《大学》

　　《大学》中列了两个大公式，出发于一个总公式。开篇第一节，朱熹定为"经"，其余都作为"传"。这正是文本的明显层次。由此可见主题。

　　总公式，"大学之道，（一）在明明德，（二）在亲（新）民，（三）在止于至善"。

　　公式一："知止而后有定，定而后能静，静而后能安，安而后能虑，虑而后能得。"即：知止—定—静—安—虑—得。

　　公式二："古之欲明明德于天下者先治其国，欲治其国者先齐其家，欲齐其家者先修其身，欲修其身者先正其心，欲正其心者先诚其意，欲诚其意者先致其知，致知在格物。"然后倒过来又说一遍：从"物格而后知致"到"国治而后天下平"。即：格物—致知—诚意—正心—修身—齐家—治国—平天下。

　　公式之外还有两段断语，既是结论，又是出发点，仿佛是公理。

　　公理一："物有本末，事有终始，知所先后，则近道矣。"

　　公理二："自天子以至于庶人，一是皆以修身为本。其本乱而末治者否矣。其所厚者薄，而其所薄者厚，未之有也。"

　　总公式即所谓"二纲领"。公式一说明总公式的"止"。公式二即所谓"八条目"。公理二是说明公理一的"本"。

　　看来这好像是"修身"教科书，加上了"本末""终始""先后"之"道"。

　　要点在于这个"道"的目的是"平天下"。这显露出秦前后不远时期的思想。它回答的是当时的全国统一的主题。所谓"天子"不会是虚有其名的周末的"王"，而是秦始皇、汉高祖之流。

· 161 ·

"国"不是最后目标,终极是"天下",是包括了不止一国的统一体。治了自己的"国",便可以进而"平天下"。

这个思想背景和时代主题正同朱熹当时的相仿。尽管是朱熹死后(1200),蒙古族人元太祖成吉思汗(1162—1227)才开始了纪元(1206),但大统一的要求和趋势在胸怀大局和目光敏锐的哲人和诗人思想中是会被觉察到的。这样的例子很多。欧洲中世纪和近代之间的但丁就是一个。《神曲》是回答当时主题的政治哲学的艺术表现,纲领是"三位一体"的新解说。

这几条公理和公式中的关键词或术语的意义,对于研究哲学史的学者是很重要的,但对于分析这一文本的结构和主题,可以暂置不问。这些可以作为程、朱、陆、王等各有自己解说的符号,属于另一层次。

公式一只解说总公式的"止"的程序,以后还要说"止"的内容,重要的是公式二。朱熹重排的"传"就是着重"经"中的公式二。

全篇讲的是总公式中的"大学之道"。公理一说:"知所先后,则近道矣。"可见两个公式着重的是先后次序即程序,尤其是公式二,所以来回正反叙述两遍。

这一节"经"即总论,看来很清楚,但是结合全篇,显得说明不全;所以程、朱努力修补以求完整。但仍然不全,朱熹只好借题发挥自己的意见,补上"格物、致知"一大段,附在"知本"之后。这是重点转移,因为程、朱着重"修身"的起点,即"格物",而原文着重"修身"的终点,即"平天下"。

全篇着重的是"本末""先后"的程序。因此说到"德"与

"财"的时候指出："德者，本也。财者，末也。"而且排出次序："是故君子先慎乎德。有德此有人，有人此有土，有土此有财，有财此有用。"即：德—人—土—财—用。"德"以致"用"。这又是一个程序，一个公式。

次序或程序是全篇着重的要点，至于三项（总公式）、六项（公式一）、八项（公式二），还有讲"德""财"的五项，其中具体各项目未必都有同等重要意义，所以文本中没有都加解说。那么，为什么要凑数呢？"修身"是"本"，前面加上四项；由"德"到"财"，后面又加一项；数都是五。

照汉代人习惯，数目是很重要的。开头三项实际是由一（明明德）生出二（亲民或新民，止于至善），所以后两项不必细说。六是六爻数，八是八卦数，五是五行数。"知止"和"德"各连成五项。"止"分别是："为人君，止于仁。为人臣，止于敬。为人子，止于孝。为人父，止于慈。与国人交，止于信。"（没有"忠"，朋友扩为"国人"。）这也是五项。"正心"之中，四个"不得其正"，加上"心不在焉"，仍是五项。"修身"之中，所"辟"的又是五项。

"齐家、治国"之中，"孝、悌、慈"共三项。"治国、平天下"之中，"上老老——民孝，上长长——民悌，上恤孤——民不倍"，这个"絜矩之道"是二三得六，正是上下卦的爻数。"絜矩之道"的另一说，"上、下、前、后、左、右"也是六项。项数总是三、五、六、八。因此各项的价值和重要性不是同等的。这从《周易》的爻辞就可看出来。

这个数目的奥妙，从汉到宋以至明清，不必专攻"象数"之学,大家都了然于心。所以朱熹的重视《周易参同契》可能还是因为这书要通《易》于"道",而着重于炼丹术,即是"穷造化之理"。以上所说当然只是个解说。不过古中国不重四、七,古印度恰恰重四、七,佛教入中国后,"象数"有变,可以注意。

程序之外,有重要意义的还在于提供了两个关键词:道、德。《论语》中的孔子讲的"道"只是"天下有道""天下无道""道之不行"等。"性与天道"是"不可得而闻"的。讲"君子务本,本立而道生"的是有若。他所谓"本"是"孝、悌",看来和《大学》是通气的。《中庸》一开头大讲其"道",后文也屡引孔子讲"道",但不大讲"德",只说"苟不至德,至道不凝焉""达天德"。最后引《诗》才又有"德"。

《大学》却一开头就是"大学之道,在明明德",道、德并提,且如此着重,是不是可以说成书时期和挂名老子的《道德经》前后相去不远呢?继"私淑孔子"的孟轲而明标"道统"的韩愈在《原道》开头就提出"仁、义、道、德"。韩愈果然不愧为"道学"的前驱,他总提出了"四书"的要点。由唐上溯到汉,司马迁记他父亲司马谈论六家要旨,说"阴阳、儒、墨、名、法、道德"都是"务为治",殊途同归,以道德家统之。要求政治思想统一的趋向是很明显的。这套以"明明德"为"平天下"的内容,由个人的"德"而达天下的"道"的程序,还可参照古文《尚书·尧典》的开头:"克明俊德,以亲九族。九族既睦,平章百姓。百姓昭明,协和万邦。黎民于变时雍。"(《大学》也引了"克明俊德")这是不是也属于和《大学》一类的政治思想呢?

从结构上可以看出《大学》是个政治哲学的完整纲领,是为统一天下而作的。问题是:这个思想"句法"中的"主语"是什么人?谁"欲明明德于天下"?是帝尧,他"克明俊德"。"明明德"不是专指统治,所以"自天子以至于庶人一是皆以修身为本"。在"德"上,"道"认为天子和庶人一样,都要"修身",都是一个"人"。从这里已可看出这个纲领不会为帝王所喜。天子富有天下,至高无上,何必还要"以修身为本"?所以宋以前默默无闻。到朱熹时,天下大一统是势所必至,统一者是什么人却还看不出来,因此将纲领重点移到"始",即"修身"的起点:"格物"。有此有朱、陆的论争。王守仁的《大学问》提出"致良知"。其实整个纲领在程、朱、陆、王是一样的,只是出发点不同,所以解说不同了。重在每个人,天子倒可以自认在外与众不同了。

《大学》的"平天下"方案,或说政治理想,是以群体中个人为基础的一个稳定的大结构。每个人都是在组织中的个人,应各就各位。"国"和"家"都是大系统中的次系统,是个人的不同层次的群体组织。每个人又是有"心、意、知"的个人,都要由"格物、致知"而得其"正",即"至善"。这是一个大桃花源,一个"极乐世界",同时又是一个死板无变化的独存的世界,其大无外。这好比夜间望去的天上的星象全图。虽然众星无不运行,但彼此的结构关系不变。有变("荧惑""客星"等)也仍在大系统内,终于能复归于稳定。因此天人合一,互相对应。这样看来,朱熹和董仲舒的"道"仍都是"天道",可以说从孔子以来一脉相承。若这样看,老、庄也不是出世而是入世,也是以天道为人道。

在"平天下"的政治思想根本纲领上，果然阴阳、儒、墨、名、法、道德六家都可以纳入一个大系统中，只是实施方案和着重点及解说不同。就宇宙观说，这种思想可以上溯周易卦爻和甲骨卜辞，都是将宇宙建造为一个稳定的系统。外来的佛教、祆教等都缺少自己的"平天下"的政治大纲领，因此都可以纳入这个大系统中。这种"天道"是不是以人解天，以天解人，天上人间交互投影，是不是中国文化中哲学思想的一贯核心呢？在各个层次上围绕这个天下大一统的政治哲学核心，也许是中国古代思想家的共同努力方向吧？

总之，简单讲来，《大学》是个纲领性文献，提出了四个要点：一是"大学之道"，即由"修身"达到"平天下"的政治哲学大系，从个人心理到政治、经济全包括在内。二是"道"的非时间性程序。着重"先后"，似这是指"本末""终始"。说"所厚""所薄"不是只指时间序列。对先后的因果关系有一个模糊的认识，似乎是机械性的，逻辑的，又是跳跃的，可由一个稳定系统形态扩大跳进另一个（家、国、天下）。三是"修身"的"组织中个体"的个人人格概念。没有孤立的个人，但心、意、知又是各人的。各人在组织中的地位不同，即在结构中的关系不同，因此各人所"止"的"至善"不一样。有了严格的职责观念。四是从"格物"到"正心"的认知心理过程。这是程、朱、陆、王争论的问题。实际上他们争的是可行性问题，即实用价值或从何着手的问题，不是纲领或主题的问题。朱是切实而支离，陆是简易而粗疏。他们自己知道，由唱和诗可见。

我读《大学》，感到这可以是解说中国（不仅汉族）传统文化的钥匙中的一把。最好能和日本（同）、印度（异）比一比。但是笼统或零星比较不够，要找出各自的钥匙来分析。印象式的比较，季札听乐"观风"时已经有了。那也是很重要的方法，但现代需要有科学论证，不是引人以注我。本文只算"随感"之类，不过供"谈助"而已。

历史文化的重心·公天下

南怀瑾

尧曰：咨！尔舜！天之历数在尔躬，允执其中！四海困穷，天禄永终。

根据司马迁《史记》的资料，根据我们中国文化最初的这本历史资料《尚书》，第一篇是《尧典》（《尚书》是孔子整理的，他把《尚书》删订为中国历史的第一本书。孔子删订《尚书》以后，才著《春秋》）。为什么《尚书》从尧开始？尧以前还有很长久的历史，如黄帝就更早了，而孔子站在史料的观点，认为尧以前的资料太少太乱，没办法整理，没有采用，所以从尧的时候开始。现在我们研究，孔子还是有问题，这位老师瞒了我们一手。我的看法，固然他手里搜罗的资料是尧的时候最完整，但有一点，他为什么要从尧开始？

我们要指出来。因为尧、舜、禹这三代是公天下，而孔子的思想是"天下为公"，但是他当时是在春秋战国的帝王政治时代，没有办法把这个话说出来，所以删订《尚书》从尧开始，这一点

◇ 历史文化的重心・公天下

大家千万注意。我这个话不是偶然随便说的。况且整个研究了孔子言行的思想精神，就会发现孔老先生还是瞒了我们一手。当然他不是有意的，等于《史记》寓意，读书要自己有眼光（中国人塑菩萨，顶门上塑一只竖起的眼睛，就是象征智慧之眼，要在顶门上有一只眼，把书中的道理看出来。我们懂了这个道理，他引用《尧典》里的话，就是如此）。

这篇文章写得很妙，头尾叙事都不关联，只是中间突然拿出一段来，奇峰突起，等于外国有些电影，故事的头尾都不要，只拿出中间一段来，使观众去猜想、判断、作结论。有人说外国的这种手法好，我说中国早就有了。《论语》的这篇《尧曰》就是现代戏剧的体裁，头尾都不说，只说中间的一段。

我们现在做研究，把它加上头尾。我们晓得尧老了，要传位给舜，在交接的那一天，这是古代很庄严的大典，隆重得和宗教的仪式一样，要在泰山烧火，当着全国百姓，把帝位交下去，尧就告诉舜："咨！"这个"咨"字，我们看历代皇帝的诏书，常用这个字，其实我觉得古人在这种地方真糟糕得很，很丑陋，何必一定套用老式文章！老实讲这个"咨"字，也就是我们现在上台讲话时，说正题前一开口的"嗯！这个……"并无含义的语助词而已。古人自汉代以来，搞训诂的汉学家们，为这些字，写十几万字的文章，那真讨厌！

实际上是尧上台了，舜还站在下面，尧说："喂！舜上来，我告诉你，天之历数在尔躬。"（中国人过去的政治哲学思想，是天道政治，上天的意旨。"历数"，我们先解释文字，这个"历数"很有内容。）上天的意旨，气数到了，轮到你来挑这个担子，不是我个人的意思,是上天的意思,时代的趋势,这个担子必须要你来挑了。第一句话就是要舜继承这个王位。

不过说到"天之历数"这四个字就够麻烦了。第一个是"天"的问题,中国文化讲"天人合一",到底"天"是什么东西?讨论起来麻烦得很。

《易传》与《中庸》

钱 穆

《易传》和《中庸》，出于不知何人之手，与老子同类，都是中国古代几部无主名的伟大杰作。老子思想之大贡献，在提出一个天人合一，即人生界与宇宙界合一，文化界与自然界合一的一种新观点。关于此一问题，本是世界人类思想所必然要遭遇到的唯一最大的问题。春秋时代人的思想，颇想把宇宙暂时撇开，来专一解决人生界诸问题，子产便是其代表。

孔子思想，虽说承接春秋，但在其思想之内在深处，实有一个极深邃的天人合一观之倾向，然只是引而不发。孟子的性善论，可说已在天、人交界处明显地安上一接榫，但亦还只是从天过渡到人，依然偏重在人的一边。庄子要把人重回归到天，然又用力过重，故荀子说其"知有天而不知有人"。但荀子又把天与人斩截划分得太分明了。这一态度，并不与孔子一致。老子始提出"人法地，地法天，天法道，道法自然"之明确口号，而在修身、齐家、治国、平天下一切人生界实际事上，都有一套精密的想法，较之孟子是恢宏了，较之庄子是落实了，但较之孔子，则仍嫌其精明有余，厚德不足。而且又偏重在自然，而放轻了人文之比重。《易传》和《中庸》，则要弥补此缺憾。《中庸》说：

天命之谓性，率性之谓道，修道之谓教。（《中庸》第一章）

把自然扣紧在人性上，把道（自然之道，"一气之化"之道）扣紧在人文教化上，这是把孟子来会通到庄、老。《易传》说：

昔者圣人之作易也，将以顺性命之理。是以立天之道，曰阴与阳。立地之道，曰柔与刚。立人之道，曰仁与义。（《说卦》第二章）

这仍是把孔孟仁义来会通庄老之天地自然。"顺性命之理"即顺自然。人道中之仁义，即天道中之阴阳，地道中之刚柔，此即"道法自然"。故曰：

观变于阴阳而立卦，发挥于刚柔而生爻，和顺于道德而理于义，穷理尽性以至于命。（《说卦》第一章）

此处特提"穷理"一观念，极重要。此"理"字在韩非书中却有一很好的解说。韩非曰：

道者，万物之所然也，万理之所稽也。稽，合义。会合万理而成一道。理者，成物之文也。庄子曰："其分也，成也。"理即是物之分界，即物之形成。道者，万物之所以成也。物有理，不可以相薄，不相薄，即不相冲突，庄子所谓"无敌"，各因其是而止，即约于分之内。故理之为物之制。制是成法之意。老子曰："道生之，德畜之，物形之，势成之。"势字不如理字意蕴之佳之美。万物各异理，而道尽稽万物之理，故不得不化。理静定而化则变动。理分别而化则和通。（韩非子解老）

《易传》所谓"穷理尽性以至于命"，即孟子所谓"尽心以知性，尽性以知天"，即孔子所谓之"下学而上达"。道家观念重于虚，虚而后能合天。儒家则反身内求，天即在人之中，即性是命。是即就人文本位充实而圆满之（"穷理"即孟子所谓"践形"。但"穷理"二字更明白，更透彻。）便已达天德，便已顺天命，更不必舍人求天（庄子曰："善我生者，所以善我之死。"儒家则认为仁义尽性即善我之生。善我之生与死，即由人而达于天）。《易传》之"穷理尽性"，亦即《中庸》之"致中和"。《中庸》曰：

喜怒哀乐之未发，谓之中，发而皆中节，谓之和。中也者，天下之大本也。和也者，天下之达道也。致中和，天地位焉，万物育焉。（《中庸》第一章）

"中"，人心之内在，即人之"性"（就人文本位言，人性即是天下之大本，此即庄子之"环中"）。致"中"即"尽性"（尽性即庄子之"约分"）。致"和"则是"穷理"（就物言则理为

· 173 ·

分,就天言则理为和)。何以说"致中和"即能"天地位,万物育"呢?《易传》曰:

天地之大德曰生。老子曰:"天地不仁,以万物为刍狗。"庄老就生必有死言,故坚持其悲天任运的态度。今专就生生不息言,则生是天地之大德,而成为乐天知命。(《系辞下》第一章)

天地之生,在于有阴阳之分;人道之生,在于有夫妇之别。《中庸》曰:

君子之道,造端乎夫妇,及其至也,察乎天地。(《中庸》第十二章)

夫妇之合本乎人性,而夫妇有别(一男一女是其别)。又于别中见和(一夫一妇是其和,别中有和即理)。别生敬,和生爱;别生义,和生仁。夫妇之道,即仁义爱敬之道,亦即阴阳之道。此证人道即天道,人生界即宇宙界。天人合一,只就夫妇和合中认取。再推进一层言之,《中庸》曰:

自诚明谓之性,自明诚谓之教。诚则明矣,明则诚矣。唯天下至诚,为能尽其性,能尽其性,则能尽人之性;能尽人之性,则能尽物之性,能尽物之性,则可以赞天地之化育;可以赞天地之化育,则可以与天地参矣。(《中庸》第二十一、二十二章)

姑再就夫妇之道言，男女好合，本发于人性，此即发于人之"诚"。因于好合之诚，遂有婚姻之礼。既有婚姻之礼，亦知好合之诚。夫妇好合，即"尽己之性"，却同时便是"尽人之性"。（做一好丈夫，不仅尽了夫德，亦同时尽妻德，即人之德。因人性为妻者无不乐有一好丈夫，有了好丈夫，易成好妻子。故尽己之夫德，无异即尽人之妻德。父慈子孝，亦同此理。一切人伦，均同此理。）《易传》曰：

天地絪缊，万物化醇。男女构精，万物化生。（《系辞下》第五章）

夫妇之道"察乎天地"，岂不尽人之性便可尽物性而赞天地之化育吗？庄老根据天地自然来怀疑人生文化。此刻的新儒家，则根据人生文化来阐明天地自然。同样是要求天人合一，在《易传》《中庸》的一转手间，却有绝大思致，绝大聪明。那是思想界的一大翻腾。

《易传》《中庸》，一面认为人道本身就是天道，此义当溯源于孔孟。但另一面也常先从认识天道入手来规范人道，此法则袭诸庄老。但庄老言天道，只就现象言，不主从现象后面来觅取一主宰（若在现象后面觅取主宰，即易成宗教）。《易传》《中庸》则不肯就象言象，而要在现象本身中来籀绎出此现象所特具而显著的德性。此一点，亦遂与庄老发生绝大歧异。《易传》曰：

易者象也，象也者，像也。(《系辞下》第三章)

古者包牺氏之王天下也，仰则观象于天，俯则观法于地，观鸟兽之文与地之宜，近取诸身，远取诸物，于是始作八卦，以通神明之德，以类万物之情。(《系辞下》第二章)

《易传》里所竭力注重的法象观念，显然源于老子，但有一极大不同点。老子只指出现象之常对立，常反复，仅就现象来描述现象。《易传》则就此现象而指出其一种无休无歇、不息不已之性格，此非就象言象，而是即象言"性"，即象明"德"。故曰：

天行健，君子以自强不息。(《乾卦象传》)

"健"乃天行之象之一种特性，一种本身内在固具之德。对立与反复仅是象。在人文立场言，是无意义的。不息之健则是德，德便成为一种意义（西方哲学称之为"价值"。但"价值"在外，"德"在内）。《中庸》也说：

至诚无息，不息则久，久则征，征，验也，久便可验。征则悠远，悠远则博厚。博厚所以载物也，高明所以覆物也，悠久所以成物也。博厚配地，高明配天，悠久无疆（《中庸》第二十六章）

博厚、高明、悠久皆是德。中庸又于健行不息中说出一个

"至诚"来。若非至诚，如何能健行不息呢？老子只说"虚而不屈，动而愈出"，又说"天地万物生于有，有生于无"。又说"道常无为而无不为"。试问既是无，如何又能生？有既是虚，如何又能出动？既无为，如何又能无不为？《易传》则指出此道之"健"，《中庸》则指出此至健之道之"至诚"。唯其"至诚"与"健"，故能"不息"。唯其不息，故能博厚、高明、悠久而成其为天地，成其为道。

《易传》《中庸》的宇宙观，乃是一种德性的宇宙观。采取了庄老的自然观来阐发孔孟的人文观，故成为新儒家。故曰：

天地之道，可一言而尽也。其为物不贰，则其生物不测。天地之道，博也，厚也，高也，明也，悠也，久也。今夫天，斯昭昭之多，及其无穷也，日月星辰系焉，万物覆焉。今夫地，一撮土之多，及其广厚，载华岳而不重，振河海而不泄。万物载焉。今夫山，一卷石之多，及其广大，草木生之，禽兽居之，宝藏兴焉。今夫水，一勺之多，及其不测，鼋鼍蛟龙，鱼鳖生焉，货财殖焉。诗云："维天之命，于穆不已。"盖曰天之所以为天也。"于乎不显，文王之德之纯"，盖曰文王之所以为文也，纯亦不已。（《中庸》第二十六章）

由是言之，天地自然，只是一至健至诚不息不已之动，人道也应该至健至诚，不息不已。庄老着重在从外面的现象来拟想天地自然，于是天地自然究其极，只是一个虚无。儒家以德性来观察，天道是至实至有，不该人道转以虚无为本。

《易传》又说：

一阴一阳之谓道，继之者善也，成之者性也。仁者见之谓之仁，知者见之谓之知，百姓日用而不知，故君子之道鲜矣。（《系辞上》第五章）

当知天地自然，只此一阴一阳，不息不已。不息不已即是有继续而不断。只要它能继续而不断，便即是"善"。如是则此至诚不息之道，本身即已是一至善。唯其不息不已，才演变出人生。唯其不息不已，才于人生中完成其"性"。性是从人生之不息不已中来，即是从道之至善中来。如此看法，并不是人"性"中能有"善"，乃是有了"善"才始成"性"。若无善，则无成，也不见有性了。这却与孟子的性善论恰正倒转。这一种天人合一的见解，较孟子显然又进了一步。

在此不息不已之道的看法上，儒、道两家亦生歧见。"仁者见之谓之仁"，此是儒家，故易传说"天地大德曰生"，天地化育即是一至善。"知者见之谓之知"，此是道家，故老子说"天地不仁，以万物为刍狗"，如是则自然本身并无善恶可言。君子之道，则必然该是仁知兼尽，而非偏智不仁的。这里便生出了人道与天道之分。故《易传》曰：

显诸仁，藏诸用，鼓万物而不与圣人同忧。（《系辞上》第五章）

"天地之大德曰生",其为仁已显,然万物群生则衣被养育于此至仁大道之中而不知,此是天道。于是圣人有忧之,此是人道。忧之如何?《中庸》曰:

诚者天之道,诚之者人之道。诚之者,择善而固执之者也。(《中庸》第二十章)

此整个天地大自然,尽管不息不已,但不害有许多现象之趋于绝灭。趋于绝灭亦是一自然,而非自然之正面。一阴一阳,是自然之正面。我们亦可说,趋于绝灭者该是恶,不是善。或说是有阳无阴,有阴无阳了。然尽管有许多现象之趋于绝灭,但仍不害于此整个天地大自然之不息不已,此其终所以为善。恶本身不可能存在,而只存在于善之中。若存在本身全是恶,则此本身即趋灭绝,不复存在。故恶必依存于善,而善不须依存于恶。因此存在本身,若统体达于至善,仍可存在,但善恶兼存,亦是自然。当前的人生界,既有恶之依存,则人生努力,端在把握此可继之善,择善而固执之,隐恶而扬善。如是则:

成性存存,道义之门。人性由天地之善形成。保此人性,存存不息,便流出种种道义来。(《系辞上》第七章)

道义畅遂,便是人以合天,参赞天地。因为天地本体只是一永久存在,则人生努力,亦在此永久存在上。故说:

夫易，圣人之所以极深而研几也。唯深也，故能通天下之志。唯几也，故能成天下之务。（《系辞上》第十章）

"天下之志"，即志在此可继之善。即志在此永久存在。"天下之务"，亦即务于此可继之善。务于此永久存在。故《易传》曰：

夫易，开物成务，冒天下之道。（《系辞上》第十一章）

此道乃是人道。"开物成务"即是"赞天地之化育"。又《中庸》曰：

道之不行也，我知之矣。知者过之，愚者不及也。道之不明也，我知之矣，贤者过之，不肖者不及也。人莫不饮食也，鲜能知味。（《中庸》第四章）

人生在此天地大自然中，此天地大自然本身即是一至善之道，由其不已不息。故曰：

道也者，不可须臾离也，可离非道也。（《中庸》第一章）

人虽生活在道中，而患在不知道，此如日日饮食而不知味。庄老认天地为不仁，其理想中之圣人，亦如天地之不仁，此是贤知者过之。百姓则日用而不知，庄子曰：

◇《易传》与《中庸》

人相忘于道术,鱼相忘于江湖。(《庄子·大宗师》)

故曰"不识不知,顺帝之则"。庄老认为不知才始得道。《易传》《中庸》则主张人须努力明善知道,始能择善行道。故必明、诚相济,修道以教,此则圣人所忧,而天地不与。此是人道,非天道。这里又是儒、道一鸿沟。

其蕲向"天人合一"之境界同,其所以到达此境界之途术则异。庄老主遏塞文化,复归自然。《易传》《中庸》则主发扬文化,完成自然。

庄老并不是不看重知识,唯他们认为欲求了解人生,必先了解宇宙的这一番知识,在庄老讲来,又是极玄秘,极深奥,并非尽人所能,因此他们索性不想叫人了解。尤其是老子,其实和荀卿一般,也是一知识的贵族主义者,凡抱知识的贵族主义者,必有"哲人王"的理想,此即《庄子·天下》篇所称之"内圣外王",《庄子·天下》篇亦出于老子后人手笔。所以他说:

知者不言,言者不知。(《道德经》第五十六章)
古之善为道者,非以明民,将以愚之。(《道德经》第六十五章)
吾言甚易知,甚易行,天下莫能知,莫能行……夫唯无知,是以不我知。知我者希,则我者贵。(《道德经》第七十章)

《易传》《中庸》的意见,显与此不同。《易传》曰:

乾知大始，坤作成物。乾以易知，坤以简能。易则易知，简则易从。易知则有亲，易从则有功。有亲则可久，有功则可大。可久则贤人之德，可大则贤人之业。易简而天下之理得矣。（《系辞上》第一章）

孟子说"良知良能"，从人性本身内部言。《易传》说"易知易从"，从宇宙外面言。宇宙大自然真理，其昭示于人的，极易知，极易从，因此人人可知，人人可从。亦必须人人可知可从，始得为人生之大德，始得为人生之大业。此乃主张"知识"与"道德"之大众化，平民化，还是孟子传统。只在说法上，采用了庄老立场，从宇宙界说起，不从人生界说起。《中庸》亦抱同一立场，故说：

君子之道费而隐，夫妇之愚，可以与知焉。及其至也，虽圣人亦有所不知焉。夫妇之不肖，可以能行焉。及其至也，虽圣人亦有所不能焉。（《中庸》第十二章）

又说：

道不远人，人之为道而远人，不可以为道。老子曰："（道）大曰逝，曰远。"又曰："天下皆谓我道大似不肖。夫唯大故似不肖，若肖，久矣其细也夫。"老子意中之所谓道，必大而远，《中庸》书中之道，则在日常细微处，切近人生。（《中庸》第十三章）

◇《易传》与《中庸》

故曰：

君子尊德性，此即良知良能，人人所与知与能者。而道问学，此则圣人犹有所憾者。致广大人人与知与能。而尽精微圣人犹有所不知不能。极高明此即及其至处。而道中庸此即行远自迩，登高自卑。（《中庸》第二十七章）

这依然是孔子所谓"下学而上达"。老子必谓众人不知不能，是其偏知不仁处。《易传》《中庸》必谓人人与知与能，是其仁知兼尽处。

我们若用西方的哲学观点来衡量批评庄老与《易传》《中庸》，则他们都是主张根据宇宙界来推及人生界的。庄老的宇宙论，不信有一创造此宇宙的上帝，亦不信人的智慧可以主宰此宇宙，可说是近于"唯物"的。但他们对物的观念，注重在其流动变化，可说是一种"气化的一元论"。

《易传》《中庸》并不反对此观点，只从天地万物之流动变化中，指出其内在固有之一种性格与特征，故说是"德性一元论"。此种德性一元的观点，实为中国思想史中之特创。《易传》《中庸》即运用此种德性一元的观点来求人生界与宇宙界之合一，即中国思想史里之所谓"天人合一"，因此《易传》《中庸》不失为儒家孔孟传统，而终与庄老异趋。

对于天地自然一切事象的看法，《易传》《中庸》复与庄老有一根本的歧异点。庄老都认为宇宙间一切事象，全是对立的。《易传》《中庸》则不同。他们似认为一切对立，都不是截然的。

在对立的两极端之间，还有一段较长的中间过程。我们若不忽过此一段中间过程，则此对立的两极端，只是此一体之两端而已。

换言之，只如一条在线之两点。如是则两极端并不对立，并不相反，而是彼此相通，一以贯之的。如是则一切对立的矛盾，全可统一，而且并不要在超越此两极端之对立之外之上来求统一，可即在此对立的矛盾之本身中间求得了统一。此两端，即从其相互接触的中间过程而消失了他们对立的矛盾，而融合成为一体。这即是儒家之所谓"中道"。这一新观点，也是在庄老强调了"宇宙事象是一切相对立的"这一观念之后而始提出的。《易传》说：

易之为书也，原始要终，以为质也。六爻相杂，唯其时物也。其初难知，其上易知，本末也。初辞拟之，卒成之终。若夫杂物撰德，杂聚天地之物，而计量其德。辨是与非，则非其中爻不备。（《系辞下》第九章）

此说人生界一切事理，主要的不在两头（本末始终）。而在其中段。我们须识得此中间过程而应付得宜，始可本末始终，一以贯之。故说：

阴阳合德。（《系辞下》第六章）
天下之理得，而成位乎其中矣。（《系辞上》第一章）

阴阳相对立，合德则成为一体。此一体当从中位看，即两极端之和合处看。《中庸》也说：

舜其大知也与？舜好问而好察迩言，隐恶而扬善，执其两端，用其中于民，其斯以为舜乎？（《中庸》第六章）

善与恶，贤与不肖，此是两端。我们若专从两端看，则善、恶对立，贤、不肖异类。一边是尧、舜，一边是桀、纣。同在一人群中，自相冰炭。但我们若知此两极端之中间，还有芸芸众生之大群，则如《易传》所谓：

善不积不足以成名，恶不积不足以灭身。（《系辞下》第五章）

他们既非至善，也非极恶。这是大群人之貌相。成名也不足，灭身也不足。不在善、恶之两端，而在善、恶之中间。若我们识得此大群人之貌相，便知尧、舜、桀、纣，仍是同一类人，而非矛盾对立。因其都与此大群人相接近、相类似。有差等而非绝殊。如是我们自知人世间并无绝对的善，亦无绝对的恶。善、恶只是比较的，相对的。但宇宙自然之道是如此，而人道则当隐恶而扬善，必知小善非无益而必为，小恶非无伤而必去，人群乃有日新趋善之望。故曰：

回之为人也，择乎中庸，得一善，则拳拳服膺而弗失之矣。（《中庸》第八章）

当知善不专在极端处，而在中庸处。"好问好察迩言"，便是舜之乐取于人以为善。"择乎中庸"，并不是教人在两极端上同样打一折扣，像庄子所说，"为善无近名，为恶无近刑"。却要我们同时把握到此两极端而认识其一以贯之的整体。那我们自知在此整体上由此达彼，却又不是要我们站在这一头来打倒那一头。若果站在这一头来打倒那一头，这即是《论语》所谓"攻乎异端，斯害也已"。天地间不能有阳而无阴，但我们却要设法助阳长，使阴消。此即"中庸之道"，根本不认有截然两端之对立。看若对立，而其间实有一相通相和之中性存在。此中性并非反自然，而成为人道之至善。故曰：

君子和而不流，强哉矫。中立而不倚，强哉矫。（《中庸》第十章）

中处即是其和处，即是此两极端之交互通达而合一处。《中庸》说：

天地之大，人犹有所憾。（《中庸》第十二章）

人若要站在任何一极端上，则实无此一极端可站。至恶不论，即至善实亦无此极端。试问天地是否算得上至善？除却像西方宗教里的上帝是至善以外，便只有中庸之道可算得至善。因为中庸之道，是：

庸德之行，庸言之谨。（《中庸》第十三章）

只在一点一节小处上计较，步步走向善的一边，此事愚夫愚妇都能。但要走到至善极端，此则大圣大贤亦不足。纵是桀、纣，亦何尝穷凶极恶，绝无丝毫与尧、舜相似处？此亦只有撒旦与上帝才是站在善、恶的两端，《易传》里的阴阳观念便绝不同。

论善恶如此，论是非亦然。是与非也不是截然对立之两敌体。但我们必要在此浑然一体中明辨是非，所以需要博学、审问、慎思、明辨、笃行。若天地间早有此两种截然对立之是与非，则站在是处了便绝没有非，站在非处了又更不能有是。岂不省力？岂不易辨？无奈天地间并无这样截然对立的是非。若使有，则在其终极处。

所谓"其初难知，其上易知"。人类则只有永远下学而上达，永远在过程中。所以易卦终于未济。若站在终极处，则天地灭绝，更无演进，更无变化。所以就理论上言，应该求出此两极端；就实践上论，则很难遇见此两极端。所以说"执其两端，用其中于民"。用即是实践。在人世间的实践，则既非上帝，也非魔鬼，善恶是非之辨，往往是中间过程之相对，而非两极之绝对。如是则理论与实践也便自成为两极端。我们仍须执两用中，把理论与实践之两极端中和起来，一以贯之。这是儒家中庸的辨证法。

此理论骤然极难说得明白，但人人却不知不觉地都在照此中庸的辨证法实践。我们应该使人明白这一番他们自己早在实践着的理论。但若小人（知识短浅之人）闻此理论，便谓天地间既无截然相反的善恶是非，善恶是非还是相通的一体，如此我们又何必再博学、审问、慎思、明辨、笃行，得一善则拳拳服膺弗失呢？故曰：

> 君子之中庸也，君子而时中。小人之中庸也，小人而无忌惮也。（《中庸》第二章）

我们若把《易传》《中庸》这一番理论，较之庄老道家所言，不能不说是又进了一步。其实《易传》《中庸》里此等思想，在《论语》《孟子》中均已说及，只是引而未发，必得经过庄老道家一逼，始逼出《易传》与《中庸》来。《易传》与《中庸》的作者，从来也没有人知道。可见孔、孟、庄、老，纵是大智大慧，还有许多不知名人和他们比肩相次（老子也便是一不知名人）。智愚似对立而亦非对立，岂不又是儒家中庸辨证法的一个当面例证吗？

而且若用思想史的眼光来看，我们又如何定说孔孟是而庄老非呢？因为由孔孟才生起庄老，由庄才引出《易传》与《中庸》，都非截然的，都是相通的，都在一过程中，这不又是儒家中庸辨证法一当面的例证吗？

五行、八卦

冯友兰

古代有所谓术数之学，注意于天人之际，以为天道人事互相影响。及乎战国，人更将此等思想，加以推衍，并将其理论化，使成为一贯的宇宙观，并骋其想象之力，对于天然界及人事界，作种种推测。此等人即汉人所称为阴阳家者。此派在战国末年之首领为邹衍。邹衍有"大九州"之说，"以为儒者所谓中国者，于天下乃八十一分居其一分耳"（《史记·孟子荀卿列传》）。又有"五德转移"之说，其说大概以水、火、木、金、土之五行为五种天然的势力，即所谓五德也。

每种势力，皆有盛衰之时。在其盛而当运之时，天道人事，皆受其支配。及其运尽而衰，则能胜而克之者，继之盛而当运。木能胜土，金能胜木，火能胜金，水能胜火，土能胜水。如是循环，无有止息。所谓"称引天地剖判以来，五德转移，治各有宜"也。吾人历史上之事变，亦皆此诸天然的势力之表现，每一朝代，皆代表一"德"，其服色制度，皆受此"德"之支配焉。依此观点，则所谓天道人事，打成一片。历史乃一"神圣的喜剧

（Divine Comedy）"，汉人之历史哲学，皆根据此观点也。

与五行说相对待者为八卦说。《易》之八卦，相传为伏羲所画。六十四卦，或云为伏羲所自重（王弼等说），或云为文王所重（司马迁等说）。卦辞爻辞，或云系文王所作（司马迁等说），或云卦辞文王作，爻辞周公作（马融等说）。"《彖》《象》《系辞》《文言》《序卦》之属十篇"，即所谓《十翼》者，相传皆孔子作。然此等传说，俱乏根据。

商代无八卦，商人有卜而无筮。筮法乃周人所创，以替代或补助卜法者。卦及卦爻等于龟卜之兆。卦辞爻辞等于龟卜之繇辞。繇辞乃掌卜之人，视兆而占者。此等临时占辞，有时出于新造，有时亦沿用旧辞。如有与以前所卜相同之事，卜时又有与以前相同之兆，则占辞即可沿用其旧；如前无此兆，则须新造。灼龟自然的兆象，既多繁难不易辨识，而以前之占辞，又多繁难不易记忆。筮法之兴，即所以解决此种困难者。卦爻仿自兆而数有一定，每卦爻之下又系有一定之辞。筮时遇何卦何爻，即可依卦辞爻辞引申推论。比之龟卜，实为简易（自"商代无八卦"以下至此，余永梁先生说，见《中央研究院历史语言研究所集刊》第一本第一份）。《周易》之名，或即由此起。因其为周人所作，故冠曰周；因其用法简易，故名曰《易》。

周人为八卦，又重之为六十四卦，以仿龟兆。其初八卦本不必有何意义，及后日益附演，八卦乃各有其所代表之事物。如《说卦》云：

"乾，天也，故称乎父；坤，地也，故称乎母。震一索而得男，故谓之长男。巽一索而得女，故谓之长女。坎再索而得男，故谓之中男。离再索而得女，故谓之中女。艮三索而得男，故谓之少男。兑三索而得女，故谓之少女。乾为天，为圆，为君，为父……坤为地，为母……震为雷……巽为木，为风……坎为水，为月……离为火，为日……艮为山……兑为泽……"

《说卦》《序卦》《杂卦》三篇，在所谓《十翼》中，尤为晚出。然据《左传》《国语》所记，春秋时人亦以乾为天，坤为土，巽为风（见《左传》庄公二十二年）。离为火，艮为山（见《左传》昭公十五年），震为雷，坎为水（见《国语·晋语》）；又以震为长男，坤为母（同上）。可见《说卦》所说，亦本前人所已言者而整齐排比之耳。八卦已有此诸种意义时，讲《周易》者之宇宙论，系以个人生命之来源为根据，而类推及其他事物之来源。

《易·系辞下》云："天地絪缊，万物化醇；男女构精，万物化生。"男女交合而生人，为类推而以为宇宙间亦有二原理。其男性的原理为阳，其卦为乾；其女性的原理为阴，其卦为坤。而天地乃其具体的代乏。乾坤相交：乾一之坤为震，为长男，而雷为其具体的代表；坤一之乾为巽，为长女，而风为其具体的代表；乾二之坤为坎，为中男，而水为其具体的代表；坤二之乾为离，为中女，而火为其具体的代表；乾三之坤为艮，为少男，而山为其具体的代表；坤三之乾为兑，为少女，而泽为其具体的代表。总之，宇宙间之最大者为天地，天上之最惹人注意者为日月风雷，地上之最惹人注意者为山泽，人生之最切用者为水火，古人以此数者为宇宙之根本，于是以八卦配之；而又依人间父母子女之关系，而推定其间之关系焉。

此以八卦所代表者为宇宙之根本。此八卦说与前所述之五行说，在先秦似为两独立的系统。其时讲五行者不讲八卦，讲八卦者不讲五行。至汉，此二说始相混合。汉人称邹衍为阴阳家。其实阴阳乃八卦说之系统中所讲，邹衍等不讲八卦也。

所谓《十翼》，盖战国秦汉时人就《易》推衍之著作。其中之宇宙论皆以个人生命之来源为根据，类推万物之来源。以"男女构精，万物化生"之事实，类推而定为"天地絪缊，万物化醇"之原理。"天施地生，其益无方"（《益·彖》），天地即乾坤阴阳之具体代表也。此二原理，一刚一柔，一施一受，一为万物之所"资始"，一为万物之所"资生"（《彖辞》）。"夫乾，其静也专，其动也直"，"夫坤，其静也翕，其动也辟"，"阖户谓之坤，辟户谓之乾"（《系辞上》），皆根据男女两性对于生殖之活动，以说明乾坤。

因乾坤之交感，而乃有万物，而乃有发展变化。《系辞上》云："阖户谓之坤；辟户谓之乾；一阖一辟谓之变；往来不穷谓之通。"宇宙间诸事物时时革新，时时变化，所谓"日新之谓盛德"（《系辞上》）也。宇宙间诸事物之变化，皆依一定之秩序，永久进行。故云："天地以顺动，故日月不过，而四时不忒。"（《豫·彖》）"天地之道，恒久而不已也。利有攸往，终则有始也。日月得天而能久照，四时变化而能久成。……观其所恒，而天地万物之情可见矣。"（《恒·彖》）唯其如此，故宇宙演化，永无止期，故《序卦》云："物不可以终穷也，故受之以未济终焉。"

宇宙间事物时时变化，其变化是循环的，故云："无往不复，

◇ 五行、八卦

天地际也。"(《泰·彖》)"反复其道,七日来复,……复,其见天地之心乎!"(《复·彖》)"日往则月来,月往则日来,日月相推,而明生焉。寒往则暑来,暑往则寒来,寒暑相推,而岁成焉。往者,屈也;来者,信也;屈信相感而利生焉。"(《系辞下》)"反复其道""无往不复",宇宙间事物之"往来""屈信",皆如日月寒暑之循环往来,此所谓"复"。此为宇宙间事物变化所依之一大通则。故曰:"复,其见天地之心乎!"

唯其如此,所以宇宙间任何事物,若发展至一定程度,则即变而为其反面。"日中则昃,月盈则食",故乾卦六爻,以九五为最善。至于乾之上九,则为"亢龙有悔",有"穷之灾"矣。孔子于此云:"亢之为言也,知进而不知退,知存而不知亡,知得而不知丧。其唯圣人乎!知进退存亡而不失其正者,其唯圣人乎!""物极必反",此《易》理,亦《老子》所持之理也。依《序卦》所解释,六十四卦之次序,亦表示物极必反之义。故相反之卦,常在一处。昔人谓《易》《老》相通,盖就此等处说也。

汉代阴阳家之言最盛。依当时经师之说,则阴阳五行为天道运行之支配者。如董仲舒论五行云:"五行之随,各如其序;五行之官,各致其能。是故木居东方而主春气;火居南方而主夏气;金居西方而主秋气;水居北方而主冬气。是故木主生而金主杀;火主暑而水主寒……土居中央,谓之天润。土者,天之股肱也。其德茂美,不可名以一时之事,故五行而四时者,土兼之也。"(《春秋繁露·五行之义》)

木、火、金、水,各主四时之一气,而土居中以策应之。因四时之气代为盛衰,所以有四时之循环变化;四时之气之所以代

· 193 ·

为盛衰，则因有阴阳以使之然。董仲舒曰："如金木水火，各奉其所主，以从阴阳，相与一力而并功。其实非独阴阳也，然而阴阳因之以起助其所主。故少阳因木而起助，春之生也。太阳因火而起助，夏之养也。少阴因金而起助，秋之成也。太阴因水而起助，冬之藏也。"（《天辨在人》）故四时之变化，实因阴阳消长流动之所致也。阳盛则助木火为春夏，而万物生长；阴盛则助金水为秋冬，而万物收藏。

阴阳五行不惟为天道运行之支配者，并为人事界中各种制度道德所取法。如对于社会伦理，董仲舒有三纲五纪之说（见《深察名号篇》），所谓三纲者，董仲舒曰："君臣父子夫妇之义，皆取诸阴阳之道。君为阳，臣为阴。父为阳，子为阴。夫为阳，妻为阴……仁义制度之数，尽取之天。天为君而覆露之，地为臣而持载之。阳为夫而生之，阴为妇而助之。春为父而生之，夏为子而养之……王道之三纲，可求于天。"（《春秋繁露·基义》）此于儒家所说人伦之中，特别提出三伦为纲。而"君为臣纲，父为子纲，夫为妻纲"之说，在中国社会伦理上，尤有势力。依向来之传统的见解，批评人物，多注意于其"忠孝大节"，若大节有亏，则其余皆不足观。至于批评妇人，则只多注意于贞节问题，即其对于夫妇一伦之行为。"饿死事小，失节事大"，苟一失节，则一切皆不足论矣。"君为臣纲，父为子纲，夫为妻纲"，于是臣、子、妻，即成为君、父、夫之附属品。

董仲舒以为"君臣父子夫妇之义，皆取诸阴阳之道"。盖《易》本以当时君臣、男女、父子之关系，类推以说阴阳之关系；及阴阳之关系如彼所说，而当时君臣、男女、父子之关系，乃更见其合理矣。《白虎通义》更引申以为社会上一切制度，皆取法于五行。《白虎通义》曰："行有五，时有四，何？四时为时，五行为节。故木王即谓之春，金王即谓之秋，土尊不任职，君不居部，故时有四也。子不肯禅何法？法四时火不兴土而兴金也。父死子继何法？法木终火王也。兄死弟及何法？夏之承春也。"（《白虎通义·五行》）

易学中之象数一派，亦发达于汉，如《易纬》中所讲之易理，即宋儒所谓"象数之学"之发端。《左传·僖公十五年》，韩简曰："龟，象也；筮，数也。物生而后有象，象而后有滋，滋而后有数。"此谓先有物而后有象，有象而后有数，此乃与常识相合之说。上所讲《易》亦言象，如《系辞》云："八卦成列，象在其中矣。""以制器者尚其象。"亦言数，如云："天一，地二；天三，地四；天五，地六；天七，地八；天九，地十。"但彼系以为有物而后有象。八卦之象，乃伏羲仰观俯察所得。既有此象，人乃取之以制器。故象虽在人为的物之先，而实在天然的物之后也。此后八卦之地位日益高。讲《易》者，渐以为先有数，后有象，最后有物。此点汉人尚未明言，至宋儒始明言之。故所谓象数之学，发达于汉，而大成于宋。

所谓象数之学，初视之似为一大堆迷信，然其用意，亦在于对于宇宙及其中各方面之事物，作一有系统的解释。其注重"数""象"，与希腊之毕达哥拉斯学派，极多相同之点。毕氏举出各种物之数，并以小石排为某种形式以表示之。所谓"以数入象"。中国易学之讲"象""数"，正是如此。毕氏以为天是一个和声，在天文与音乐中，最可见数之功用。中国自汉以后讲律吕与历法者，皆以《易》之"数"为本。此仅举中国易学与毕氏学派大端相同之点，然即此亦足令人惊异矣。

阴阳家之学，虽杂有许多迷信，而中国科学萌芽，则多在其中。盖阴阳家之主要的动机，在于立一整个的系统，以包罗宇宙之万象而解释之。其方法虽误，其知识虽疏，然其欲将宇宙间诸事物系统化，欲知宇宙间诸事物之所以然，则固有科学之精神也。秦汉之政治，统一中国，秦汉之学术，亦欲统一宇宙。盖秦汉之统一，为中国以前未有之局。其时人觉此尚可能，他有何不可能者。故其在各面使事物整齐化、系统化之努力，可谓几于热狂。

吾人必知汉人之环境，然后能明汉人之伟大。上文谓中国之讲历法音乐者，皆用阴阳家言。此外如讲医学及算学者亦多用阴阳家言。试观《黄帝内经》及《周髀算经》等书，即可知之。阴阳家在此各方面之势力，直至最近，始渐消灭。

诗话千秋

宫体诗的自赎

闻一多

宫体诗就是宫廷的，或以宫廷为中心的艳情诗，它是个有历史性的名词，所以严格地讲，宫体诗又当指以梁简文帝为太子时的东宫及陈后主、隋炀帝、唐太宗等几个宫廷为中心的艳情诗。

我们该记得，从梁简文帝当太子到唐太宗宴驾中间一段时期，正是谢朓已死，陈子昂未生之间一段时期。这期间没有出过一个第一流的诗人。那是一个以声律的发明与批评的勃兴为人所推重，但论到诗的本身，则为人所诟病的时期。没有第一流诗人，甚至没有任何诗人，不是一桩罪过。那只是一个消极的缺憾。但这时期却犯了一桩积极的罪。它不是一个空白，而是一个污点，就因为他们制造了些有如下面这样的宫体诗：

长筵广未同，上客娇难逼。还杯了不顾，回身正颜色。（高爽《咏酌酒人》）

众中俱不笑，座上莫相撩。（邓铿《奉和夜听妓声诗》）

这里所反映的上客们的态度,便代表他们那整个宫廷内外的气氛。人人眼角里是淫荡:

上客徒留目,不见正横陈。(刘缓《敬酬刘长史咏名士悦倾城》)

人人心中怀着鬼胎:

春风别有意,密处也寻香。(李义府《堂堂》)

对姬妾娼妓如此,对自己的结发妻亦然(刘孝威《都县寓见人织率尔赠妇》便是一例)。于是发妻也就成了倡家。徐悱写得出《对房前桃树咏佳期赠内》那样一首诗,他的夫人刘令娴为什么不可以写一首《光宅寺》来赛过他?索性大家都揭开了:

知君自荡子,奈妾亦倡家。(王僧孺《鼓瑟曲有所思》)

因为也许她明白她自己的秘诀是什么。

自知心所爱,出入仕秦宫,谁言连尹屈,更是莫遨通?(简文帝《艳歌篇》十八韵)

简文帝对此并不诧异,说不定这对他,正是件称心的消息。堕落是没有止境的。从一种变态到另一种变态往往是个极短的距离，所以现在像简文帝《娈童》，吴均《咏少年诗》，刘孝绰《咏小儿采菱诗》，刘遵《繁华应令》，以及陆厥《中山王孺子妾歌》一类作品，也不足令人惊奇了。

变态的又一类型是以物代人为求满足的对象。于是绣领、袙腹、履、枕、席、卧具……全有了生命，而成为被沾污者。推而广之，以至灯烛、玉阶、梁尘，也莫不踊跃地助他们集中意念到那个荒唐的焦点，不用说，有机生物如花草莺蝶等更都是可人的同情者。

罗荐已擘鸳鸯被，绮衣复有蒲萄带，残红艳粉映帘中，戏蝶流莺聚窗外。(上官仪《八咏应制》)

看看以上的情形，我们真要疑心，那是作诗，还是在一种伪装下的无耻中求满足。在那种情形之下，你怎能希望有好诗？所以常常是那套褪色的陈词滥调，诗的本身并不能比题目给人以更深的印象。实在有时他们真不像是在作诗，而只是制题。这都是惨淡经营的结果：《咏人聘妾仍逐琴心诗》（伏知道），《为寒床妇赠夫诗》（王胄）。特别是后一例，尽有"闺情""秋思""寄远"一类的题面可用，然而作者偏要标出这样六个字来，不知是何居心。

如果初期作者常用的"古意""拟古"一类暧昧的题面，是一种遮羞的手法，那么现在这些人是根本没有羞耻了！这由意识到文词，由文词到标题，逐步鲜明化，是否可算作一种文字的裸裎狂，我不知道，反正赞叹事实的"诗"变成了标明事类的

"题"之附庸,这趋势去《游仙窟》一流作品,以记事文为主,以诗副之的形式,已很近了。形式很近,内容又何尝远?《游仙窟》正是宫体诗必然的下场。

我还得补充一下宫体诗在它那中途丢掉的一个自新的机会。这专以在昏淫的沉迷中作践文字为务的宫体诗,本是衰老的,贫血的南朝宫廷生活的产物,只有北方那些新兴民族的热与力才能拯救它。因此我们不能不庆幸庾信等之入周与被留,因为只有这样,宫体诗才能更稳固地移植在北方,而得到它所需要的营养。果然被留后的庾信的《乌夜啼》《春望诗》等篇,比从前在老家作的同类作品,气色强多了。移植后的第二、三代本应不成问题。谁知那些北人骨子里和南人一样,也是脆弱的,禁不起南方那美丽的毒素的引诱,他们马上又屈服了。除薛道衡《昔昔盐》《人日思归》,隋炀帝《春江花月夜》三两首诗外,他们没有表现过一点抵抗力。

炀帝晚年可算热忱地效忠于南方文化了,文艺的唐太宗,出人意料之外,比炀帝还要热忱。于是庾信的北渡完全白费了。宫体诗在唐初,依然是简文帝时那没筋骨,没心肝的宫体诗。不同的只是现在词藻来得更细致,声调更流利,整个的外表显得更乖巧、更酥软罢了。说唐初宫体诗的内容和简文帝时完全一样,也不对。因为除了搬出那僵尸"横陈"二字外,他们在诗里也并没有讲出什么。这又教人疑心这辈子人已失去了积极犯罪的心情。恐怕只是词藻和声调的试验给他们羁縻着一点作这种诗的兴趣(词藻声调与宫体有着先天与历史的联系)。宫体诗在当时可说是一种不自主的、虚伪的存在。原来从虞世南到上官仪是连堕落的诚意都没有了。此真所谓"萎靡不振"!

但是堕落毕竟到了尽头,转机也来了。

在窒息的阴霾中,四面是细弱的虫吟,虚空而疲倦,忽然一声霹雳,接着的是狂风暴雨!虫吟听不见了,这样便是卢照邻《长安古意》的出现。这首诗在当时的成功不是偶然的。放开了粗豪而圆润的嗓子,他这样开始:

长安大道连狭斜,青牛白马七香车,玉辇纵横过主第,金鞭络绎向侯家。龙衔宝盖承朝日,凤吐流苏带晚霞,百尺游丝争绕树,一群娇鸟共啼花……

这生龙活虎般腾踔的节奏,首先已够教人们如大梦初醒而心花怒放了。然后如云的车骑,载着长安中各色人物 panorama(全景)式的一幕幕出现,通过"五剧三条"的"弱柳青槐"来"共宿娼家桃李蹊"。诚然这不是一场美丽的热闹。但这癫狂中有战栗,堕落中有灵性。

得成比目何辞死,愿作鸳鸯不羡仙。

比起以前那光是病态的无耻——

相看气息望君怜,谁能含羞不肯前!(简文帝《乌楼曲》)

如今这是什么气魄!对于时人那虚弱的感情,这真有起死回生的力量。最后：

节物风光不相待，桑田碧海须臾改。昔时金阶白玉堂，即今惟见青松在！

似有"劝百讽一"之嫌。对了，讽刺，宫体诗中讲讽刺，多么生疏的一个消息！我几乎要问《长安古意》究竟能否算宫体诗。从前我们所知道的宫体诗，自萧氏君臣以下都是作者自身下流意识的口供，那些作者只在诗里。这回卢照邻却是在诗里，又在诗外，因此他能让人人以一个清醒的旁观的自我，来给另一自我一声警告。这两种态度相差多远！

寂寂寥寥扬子居，年年岁岁一床书。独有南山桂花发，飞来飞去袭人裾。

这篇末四句有点突兀，在诗的结构上既嫌蛇足，而且这样说话，也不免暴露了自己态度的褊狭，因而在本篇里似乎有些反作用之嫌。可是对于人性的清醒方面，这四句终究不失为一个保障与安慰。一点点艺术的失败，并不妨碍《长安古意》在思想上的成功。它是宫体诗中一个破天荒的大转变。一手挽住衰老了的颓废，教给他如何回到健全的欲望，一手又指给他欲望的幻灭。这诗中善与恶都是积极的，所以二者似相反而相成。我敢说《长安古意》的恶的方面比善的方面还有用。

不要问卢照邻如何成功，只看庾信是如何失败的。欲望本身不是什么坏东西。如果它走入了歧途，只有疏导一法可以挽救，壅塞是无效的。庾信对于宫体诗的态度，是一味的矫正，他仿佛是要以非宫体代宫体。反之，卢照邻只要以更有力的宫体诗救宫体诗，他所争的是有力没有力，不是宫体不宫体。甚至你说他的方法是以毒攻毒也行，反正他是胜利了。有效的方法不就是对的方法吗？

矛盾就是人性，诗人作诗本不必对自己的行为负责。原来《长安古意》的"年年岁岁一床书"，只是一句诗而已。即令作诗时事实如此，大概不久以后，情形就完全变了，骆宾王的《艳情代郭氏答卢照邻》便是铁证。故事是这样的：照邻在蜀中有一个情妇郭氏，正当她有孕时，照邻因事要回洛阳去，临行相约不久回来正式成婚。谁知他一去两年不返，而且在三川有了新人。这时她望他的音信既望不到，孩子也丢了。"悲鸣五里无人问，肠断三声谁为续！"除了骆宾王给寄首诗去替她申一回冤，这悲剧又能有什么更适合的收场呢？一个生成哀艳的传奇故事，可惜骆宾王没赶上蒋防、李公佐的时代。

我的意思是：故事最适宜于小说，而作者手头却只有一个诗的形式可供采用。这试验也未尝不可作，然而他偏偏又忘记了《孔雀东南飞》的典型。凭一支作判词的笔锋（这是他的当行），他只草就了一封韵语的书札而已。然而是试验，就值得钦佩。骆宾王的失败，不比李百药的成功有价值吗？他至少也替《秦妇吟》垫过路。

这以"一抔之土未干，六尺之孤何托"，教历史上第一位英威的女性破胆的文士，天生一副侠骨，专喜欢管闲事，打抱不平、杀人报仇、革命、帮痴心女子打负心汉，都是他干的。《代女道士王灵妃赠道士李荣》里没讲出具体的故事来，但我们猜得到一半，还不是卢郭公案那一类的纠葛？李荣是个有才名的道士（见《旧唐书·儒学·罗道琮传》，卢照邻也有过诗给他）。故事还是发生在蜀中，李荣往长安去了，也是许久不回来，王灵妃急了，又该骆宾王给去信促驾了。不过这回的信却写得比较像首诗。其所以，倒不在"梅花如雪柳如丝，年去年来不自持。初言别在寒偏在，何悟春来春更思"一类响亮句子，而是那一气到底而又缠绵往复的旋律之中，有着欣欣向荣的情绪。《代女道士王灵妃赠道士李荣》的成功，仅次于《长安古意》。

和卢照邻一样，骆宾王的成功，有不少成分是仗着他那篇幅的。上文所举过的二人的作品，都是宫体诗中的云冈造象，而宾王尤其好大成癖（这可以他那以赋为诗的《帝京篇》《畴昔篇》为证）。从五言四句的《自君之出矣》，扩充到卢骆二人洋洋洒洒的巨篇，这也是宫体诗的一个剧变。仅仅篇幅大，没有什么，要紧的是背面有厚积的力量撑持着。这力量，前人谓之"气势"，其实就是感情。有真实感情，所以卢骆的来到，能使人们麻痹了百余年的心灵复活。有感情，所以卢骆的作品，正如杜甫所预言的，"不废江河万古流"。

从来没有暴风雨能够持久的。果然持久了，我们也吃不消，所以我们要它适可而止。因为，它究竟只是一个手段，打破郁闷烦躁的手段；也只是一个过程，达到雨过天青的过程。手段的作用是有时效的，过程的时间也不宜太长，所以在宫体诗的园地上，我们很侥幸地碰见了卢骆，可也很愿意能早点离开他们——

为的是好和刘希夷会面。

古来容光人所美,况复今日遥相见?愿作轻罗著细腰,愿为明镜分娇面。(《公子行》)

这不是什么十分华贵的修辞,在刘希夷也不算最高的造诣。但在宫体诗里,我们还没听见过这类的痴情话。我们也知道他的来源是《同声诗》和《闲情赋》。但我们要记得,这类越过齐梁,直向汉晋人借贷灵感,在将近百年以来的宫体诗里也很少人干过呢!

与君相向转相亲,与君双栖共一身,愿作贞松千岁古,谁论芳槿一朝新!百年同谢西山日,千秋万古北邙尘。(《公子行》)

这连同它的前身——杨方《合欢》诗,也不过是常态的,健康的爱情中,极平凡极自然的思念,谁知道在宫体诗中也成了不得的稀世珍宝。回返常态确乎是刘希夷的一个主要特质,孙翌编《正声集》时把刘希夷列在卷首,便已看出这一点来了。

看他即便哀艳到如此:

自怜妖艳姿,妆成独见时。愁心伴杨柳,春尽乱如丝。(《春女行》)

携笼长叹息,逶迤恋春色。看花若有情,倚树疑无力。薄暮思悠悠,使君南陌头。相逢不相识,归去梦青楼。(《采桑》)

也从没有不归于正的时候。感情返到正常状态是宫体诗的又一重大阶段。唯其如此,所以烦躁与紧张都消失了,只剩下一片晶莹的宁静。就在此刻,恋人才变成诗人,憬悟到万象的和谐,与那一水一石一草一木的神秘的不可抵抗的美,而不禁受创似的哀叫出来:

可怜杨柳伤心树,可怜桃李断肠花。(《公子行》)

但正当他们叫着"伤心树""断肠花"时,他已从美的暂促性中认识了那玄学家所谓的"永恒"——一个最缥缈,又最实在,令人惊喜,又令人震怖的存在,在它面前一切都变渺小了,一切都没有了。自然认识了那无上的智慧,就在那彻悟的一刹那间,恋人也就是变成哲人了:

洛阳城东桃李花,飞来飞去落谁家?洛阳女儿好颜色,坐见落花长叹息。今年花落颜色改,明年花开复谁在!……古人无复洛城东,今人还对落花风,年年岁岁花相似,岁岁年年人不同。(《代悲白头翁》)

相传刘希夷吟到"今年花落……"二句时,吃一惊,吟到"年年岁岁……"二句,又吃一惊。后来诗被宋之问看到,硬要让给他,诗人不肯,就生生地被宋之问用土囊压死了。于是诗谶就算验了。

编故事的人的意思,自然是说,刘希夷泄露了天机,论理该遭天谴。这是中国式的文艺批评，隽永而正确，我们在千载之下，不能，也不必改动它半点，不过我们可以用现代语替它诠释一遍，所谓泄露天机者，便是悟到宇宙意识之谓。从蜣螂转丸式的宫体诗一跃而到庄严的宇宙意识，这可太远了，太惊人了！这时的刘希夷实已跨近了张若虚半步，而离绝顶不远了。

如果刘希夷是卢骆的狂风暴雨后宁静爽朗的黄昏，张若虚便是风雨后更宁静、更爽朗的月夜。《春江花月夜》本用不着介绍，但我们还是忍不住要谈谈。就宫体诗发展的观点看，这首诗，尤有大谈的必要。

春江潮水连海平，海上明月共潮生。滟滟随波千万里，何处春江无月明！江流宛转绕芳甸，月照花林皆似霰。空里流霜不觉飞，汀上白沙看不见。

在这种诗面前，一切的赞叹是饶舌，几乎是渎亵。它超过了一切的宫体诗有多少路程的距离，读者们自己也知道。我认为用得着一点诠明的倒是下面这几句：

……江畔何人初见月？江月何年初照人？人生代代无穷已，江月年年望相似。不知江月待何人，但见长江送流水！

更夐绝的宇宙意识！一个更深沉，更寥廓，更宁静的境界！在神奇的永恒前面，作者只有错愕，没有憧憬，没有悲伤。从前卢照邻指点出"昔时金阶白玉堂，即今惟见青松在"时，或另一个初唐诗人——寒山子更尖酸地吟着"未必长如此,芙蓉不耐寒"时,那都是站在本体旁边凌视现实。那态度我以为太冷酷,太傲慢,或者如果你愿意,也可以带点狐假虎威的神气。在相反的方向,刘希夷又一味凝视着"以有涯随无涯"的徒劳,而徒劳地为它哀毁着,那又未免太萎靡、太怯懦了。

只张若虚这态度不亢不卑,冲融和易才是最纯正的,"有限"与"无限","有情"与"无情"——诗人与"永恒"猝然相遇,一见如故,于是谈开了——"江畔何人初见月?江月何年初照人?……江月年年望相似,不知江月待何人?"对每一问题,他得到的仿佛是一个更神秘的更渊默的微笑,他更迷惘了,然而也满足了。于是他又把自己的秘密倾吐给那缄默的对方:

白云一片去悠悠,青枫浦上不胜愁。

因为他想到她了,那"妆镜台"边的"离人"。他分明听见她的叹喟:

此时相望不相闻,愿逐月华流照君!

他说自己很懊悔,这飘荡的生涯究竟到几时为止!

昨夜闲潭梦落花,可怜春半不还家。江水流春去欲尽,江潭落月复西斜!

他在怅惘中,忽然记起飘荡的许不只他一人,对此情景,大概旁人,也只得徒唤奈何罢?

斜月沉沉藏海雾,碣石潇湘无限路。不知乘月几人归,落月摇情满江树!

这里一番神秘而又亲切的、如梦境的晤谈,有的是强烈的宇宙意识,被宇宙意识升华过的纯洁的爱情,又由爱情辐射出来的同情心,这是诗中的诗,顶峰上的顶峰。从这边回头一望,连刘希夷都是过程了,不用说卢照邻和他的配角骆宾王,更是过程的过程。

至于那一百年间梁陈隋唐四代宫廷所遗下了那份最黑暗的罪孽,有了《春江花月夜》这样一首宫体诗,不也就洗净了吗?向前替宫体诗赎清了百年的罪,因此,向后也就和另一个顶峰陈子昂分工合作,清除了盛唐的路——张若虚的功绩是无从估计的。

类书与诗

闻一多

检讨的范围是唐代开国后约略五十年,从高祖受禅(618)起,到高宗武后交割政权(660)止。靠近那五十年的尾上,上官仪伏诛,算是强制地把"江左余风"收束了,同时新时代的先驱,四杰及杜审言,刚刚走进创作的年华,沈宋(即沈佺期和宋之问)与陈子昂也先后诞生了,唐代文学这才扯开六朝的罩纱,露出自家的面目。所以我们要谈的这五十年,说是唐的头,倒不如说是六朝的尾。

寻常我们提起六朝,只记得它的文学,不知道那时期对于学术的兴趣更加浓厚。唐初五十年所以像六朝,也正在这一点。这时期如果在文学史上占有任何位置,不是因为它在文学本身上有多少价值,而是因为它对于文学的研究特别热心,一方面把文学当作学术来研究,同时又用一种偏向于文学的观点来研究其余的学术。给前一方面举个例,便是曹宪李善等的"选学"(这回文学的研究真是在学术中正式分占了一席)。后一方面的例,最好举史学。许是因为他们有种特殊的文学观念(即《文选》所代表文学观念),唐初的人们对于《汉书》的爱好,远在爱好《史记》之上,在研究《汉书》时,他们的对象不仅是历史,而且是记载历史的文字。

便拿李善来讲,他是注过《文选》的,也撰过一部《汉书辨惑》。《文选》与《汉书》,在李善眼里,恐怕真是同样性质,具有同样功用的物件,都是给文学家供驱使的材料。他这态度可以代表那整个时代。这种现象在修史上也不是例外。只把姚思廉除开,当时修史的人们谁不是借作史书的机会来叫卖他们的文藻——尤其是《晋书》的著者!至于音韵学与文学的姻缘,更是显著,不用多讲了。

当时的著述物中,还有一个可以称为第三种性质的东西,那便是类书,它既不全是文学,又不全是学术,而是介乎二者之间的一种东西,或是说兼有二者的混合体。这种畸形的产物,最足以代表唐初的那种太像文学的学术,和太像学术的文学了。所以我们若要明白唐初五十年的文学,最好的方法也是拿文学和类书排在一起打量。

现存的类书,如《北堂书钞》和《艺文类聚》,在当时所制造的这类出品中,只占极小部分。此外,太宗时编的,还有一千卷的《文思博要》,后来从龙朔到开元,中间又有官修的《累璧》六百三十卷、《瑶山玉彩》五百卷、《三教珠英》一千三百卷(《增广皇览》及《文思博要》)、《芳树要览》三百卷、《事类》一百三十卷、《初学记》三十卷、《文府》二十卷、私撰的《碧玉芳林》四百五十卷、《玉藻琼林》一百卷、《笔海》十卷。

这里除《初学记》之外,如今都不存在。内中是否有分类的总集，像《文馆词林》似的，我们不知道。但是《文馆词林》的性质，离《北堂书钞》虽较远，离《艺文类聚》却接近些了。欧阳询在《艺文类聚·序》里说是嫌"《流别》《文选》，专取其文，《皇览》《遍略》，直书其事"的办法不妥，他们（《艺文类聚》的编者不只他一人）才采取了"事居其前，文列于后"的体例。这可见《艺文类聚》是兼有总集（《流别》《文选》）与类书（《皇览》《遍略》）的性质，也可见他们看待总集与看待类书的态度差不多。《文馆词林》是和《流别》《文选》一类的书，在他们眼里，当然也和《皇览》《遍略》差不多了。

再退一步讲，《文馆词林》的性质与《艺文类聚》一半相同，后者既是类书，前者起码也有一半类书的资格。

上面所举的书名，不过是就新旧《唐书》和《唐会要》等书中随便摘下来的，也许还有遗漏。但只看这里所列的，已足令人惊诧了。特别是官修的占大多数，真令人不解。如果它们是《通典》一类的，或《大英百科全书》一类的性质，也许我们还会嫌它们的数量太小。但它们不过是《兔园册子》（本是唐五代时私塾教授学童的课本。因其内容肤浅，为士大夫所轻视。后指被读书不多的人奉为秘本的浅陋书籍）的后身，充其量也不过是规模较大品质较高的《兔园册子》。

一个国家的政府从百忙中抽调出许多第一流人才来编了那许多的"兔园册子"（太宗时，房玄龄、魏征、岑文本、许敬宗等都参与过这种工作），这用现代人的眼光看来，岂不滑稽？不，这正是唐太宗提倡文学的方法，而他所谓的文学，用这样的方法提倡，也是很对的。"沈思翰藻谓之文"的主张，由来已久，加之六朝以来有文学嗜好的帝王特别多，文学要求其与帝王们的身份相称，自然觉得"沈思翰藻"的主义最适合他们的条件了。文学由太宗来提倡，更不能不出于这一途。本来这种专在词藻的量上逞能的作风，需用学力比需用性灵的机会多，这实在已经是文学的实际化了。南朝的文学既已经在实际化的过程中，隋统一后，又和北方的极端实际的学术正面接触了，于是依照"水流湿，火就燥"的物理的原则，已经实际化了的文学便不能不愈加实际化，以至到了唐初，再经太宗的怂恿，便终于被学术同化了。

文学被学术同化的结果，可分三方面来说。一方面是章句的研究，可以李善为代表，另一方面是类书的编纂，可以号称博学的《兔园册子》与《北堂书钞》的编者虞世南为代表。第三方面便是文学本身的堆砌性，这方面很难推出一个代表来，因为当时一般文学者的体干似乎是一样高矮，挑不出一个特别魁梧的例子来。没有办法，我们只好举唐太宗。并不是说太宗堆砌的成绩比别人精，或是他堆砌得比别人更甚，不过以一个帝王的地位，他的影响定不是一般人所能比的，而且他也曾经很明白地为这种文体张目过（这证据我们不久就要提出）。我们现在且把章句的研究、类书的纂辑，与文学本身的堆砌性三方面的关系谈一谈。

李善绰号"书簏"，因为，据史书说，他是一个"淹贯古今，不能属辞"的人。史书又说他始初注《文选》，"释事而忘意"，经他儿子李邕补益一次，才做到"附事以见义"的地步。李善这种只顾"事"，不顾"意"的态度，其实是与类书家一样的。章句家是书簏，类书家也是书簏，章句家是"释事而忘意"，类书家便是"采事而忘意"了。我这种说法并不苛刻。只消举出《群书治要》来和《北堂书钞》或《艺文类聚》比一比,你便明白。同是钞(抄)书,同是一个时代的产物,但拿来和《治要》的"主意"的质素一比,《书钞》《类聚》"主事"的质素便显着格外分明了。章句家与类书家的态度,根本相同,创作家又何尝两样?假如选出五种书,把它们排成下面这样的次第:

《文选注》《北堂书钞》《艺文类聚》《初学记》,初唐某家的诗集。

我们便看出一首初唐诗在构成程序中的几个阶段。劈头是"书簏",收尾是一首唐初五十年间的诗,中间是从较散漫、较零星的"事",逐渐整齐化与分化。五种书同是"事"(文家称为词藻)的征集与排比,同是一种机械的工作,其间只有工作精粗的程度差别,没有性质的悬殊。

这里《初学记》虽是开元间(713—741,开元为唐玄宗李隆基的年号)的产物,但实足以代表较早的一个时期的态度。在我们讨论的范围内,这部书的体裁,看来最有趣。每一项题目下,最初是"叙事",其次"事对",最后便是成篇的诗赋或文。其实这三项中减去"事对",就等于《艺文类聚》,再减去诗赋文便等于《北堂书钞》。所以我们由《书钞》看到《初学记》,便看出了一部类书的进化史,而在这类书的进化中,一首初唐诗的构成程序也就完全暴露出来了。

你想,一首诗做到有了"事对"的程度,岂不是已经成功了一半吗?余剩的工作,无非是将"事对"装潢成五个字一幅的更完整的对联,拼上韵脚,再安上一头一尾罢了(五言律是当时最风行的体裁,但这里,我没有把调平仄算进去,因为当时的诗,平仄多半是不调的)。这样看来,若说唐初五十年间的类书是较粗糙的诗,他们的诗是较精密的类书,许不算强词夺理吧?

《旧唐书·文苑传》里所收的作家,虽有着不少的诗人,但除了崔信明的一句"枫落吴江冷"是类书的范围所容纳不下的,其余作家的作品不干脆就是变相的书类吗?唐太宗之不如隋炀帝,不仅在没有作过一篇《饮马长城窟行》而已,便拿那"南化"了的隋炀帝,和"南化"了的唐太宗打比,像前者的:

暮江平不动,春花满正开。流波将月去,潮水带星来。

甚至:

鸟击初移树,鱼寒欲隐苔。

又何尝是后者有过的?不但如此,据说炀帝为妒忌"空梁落燕泥"和"庭草无人随意绿"两句诗,曾经谋害过两条性命。"枫落吴江冷"比起前面那两句名句如何?不知道崔信明之所以能保天年,是因为太宗的度量比炀帝大呢,还是他的眼力比炀帝低。这不是说笑话。假如我们能回答这问题,那么太宗统治下的诗作的品质之高低,便可以判定了。归真地讲,崔信明这人,恐怕太宗根本就不知道,所以他并没有留给我们那样测验他的度量或眼力的机会。但这更足以证明太宗对于好诗的认识力很差。假如他是有眼力的话,恐怕当日撑持诗坛的台面的,是崔信明、王绩，甚至王梵志，而不是虞世南、李百药一流人了。

讲到这里，我们许要想到前面所引时人批评李善"释事而忘意"，和我批评类书家"采事而忘意"两句话。现在我若给那些作家也加上一句"用事而忘意"的按语，我想读者们必不以为过分。拿虞世南、李百药来和崔信明、王绩、王梵志比，不简直是"事"与"意"的比照吗？我们因此想到魏征的《述怀》，颇被人认作这时期中的一首了不得的诗，《述怀》在唐代开国时的诗中所占的地位，据说有如魏征本人在那时期政治上的地位一般的优越。这意见未免有点可笑，而替唐诗设想，居然留下生这意见的余地，也就太可怜了。

平心说，《述怀》是一首平庸的诗，只因这作者不像一般的作者，他还不曾忘记那"诗言志"的古训，所以结果虽平庸而仍不失为"诗"。选家们搜出魏征来代表初唐诗，足见那一个时代的贫乏。太宗和虞世南、李百药，以及当时成群的词臣，作了几十年的诗，到头还要靠这诗坛的局外人魏征，来维持一点较清醒的诗的意识，这简直是他们的耻辱！

不怕太宗和他率领下的人们为诗干得多热闹，究竟他们所热闹的，与其说是诗，毋宁说是学术。关于"修辞立诚"四个字，即算他们做到了修辞（但这仍然是疑问），那立诚的观念，在他们的诗里可说整个不存在。唐初人的诗，离诗的真谛是这样远，所以，我若说唐初是个大规模征集词藻的时期，我所谓征集词藻者，实在不但指类书的纂辑，连诗的制造也是应属于那个范围里的。

上述的情形，太宗当然要负大部分的责任。我们曾经说到太宗为堆砌式的文体张目过,不错,看他亲撰的《晋书·陆机传论》便知道。

观夫陆机、陆云,实荆衡之杞梓,挺珪璋于秀实,驰英华于早年。风鉴澄爽,神情俊迈;文藻宏丽,独步当时;言论慷慨,冠乎终古。高词迥映,如朗月之悬光;叠意回舒,若重岩之积秀。千条析理,则电坼霜开;一绪连文,则珠流璧合。其词则深而雅,其义则博而显。故足远超枚马,高蹑王刘,百代文宗,一人而已。

因为他崇拜的陆机,是"文藻宏丽",与夫"叠意回舒,若重岩之积秀","一绪连文,则珠流璧合"的陆机,所以太宗于他的群臣中就最钦佩虞世南。褚亮在《十八学士赞》中,是这样赞虞世南的:

笃行扬声,雕文绝世;网罗百家,并包六艺。

两《唐书·虞世南传》(即《旧唐书》与《新唐书》)都说,他与兄世基同入长安,时人比作晋之二陆,《新》(指《新唐书》)传又品评这两弟兄说:

世基辞章清劲过世南,而赡博不及也。

这样的虞世南,难怪太宗要认为是"与我犹一体",并且在世南死后，还有"钟子期死，伯牙不复鼓琴"之叹。这虞世南，我们要记住，便是《兔园册子》和《北堂书钞》的著者。这一点极其重要。这不啻明白地告诉我们，太宗所鼓励的诗，是"类书家"的诗，也便是"类书式"的诗。

总之，太宗毕竟是一个重实际的事业中人；诗的真谛，他并没有，恐怕也不能参透。他对于诗的了解，毕竟是个实际的人的了解。他所追求的只是文藻，是浮华，不，是一种文辞上的浮肿，也就是文学的一种皮肤病。这种病症，到了上官仪的"六对""八对"，便严重到极点，几乎有危害到诗的生命的可能，于是因察觉了险象而愤激的少年"四杰"，便不得不大声疾呼，抢上来施以针砭了。

历代书法家及其作品

李叔同

我们再以年代划分,分别讲述一下各个朝代的书法特色,以及同时代的书法名家,并就他们的代表作品略加评述,以增趣味。

一、两汉时期

我国秦汉时期,汉字的变迁更为剧烈也最为复杂,大篆经过省改而创造了小篆,李斯所书《泰山》《琅琊》《峄山》等石刻,即是"小篆"典型。另外,隶书发展成熟,草书发展成章草,行书和楷书也亦萌芽。书法家可谓人才辈出,此一时期的书法成就影响后世极为深远。

秦汉书法遗存今天的有帛书、简牍书,还有壁画、陶瓶及碑上的刻字。汉代的石碑艺术在这一期间取得了辉煌的成就。西汉碑刻虽少,而东汉则有"碑碣云起"之兴盛现象,可见书法在当时的成就。这一时期出现不少好的石碑,如以《张迁》为代表的"方劲古朴类"、以《曹碑》为代表的"飘逸劲秀类";以《礼器碑》和《前史晨碑》《后史晨碑》为代表的"端庄凝练类"等著名的碑铭。

至汉时,篆、隶、章草均有成绩,如此时已显露行书、正楷的端倪;而且,由于书法艺术在秦汉时代的昌盛,在这一时期的篆刻作品亦是十分精美的,并出现了各种印章。

(1) 史游

史游,西汉元帝时人,官至黄门令。曾解散隶体而求速书,但存字的梗概,损隶书的规矩,但求书写纵任奔逸,而大胆打破隶书书写之章法,因作《急就章》,故后人称其书体为"章草"。因草创而成的字体,故称"草书"。

《急就章》,汉史游撰。唐张怀瑾在《书断》中说:"章草者,汉黄门令史游所作也。"王愔说:"汉元帝时史游作《急就章》,解散隶体,汉俗简惰,渐以行之是也。"

其书自始至终,无一复字。文词雅奥,亦非后世蒙学诸书所可及之。旧时曾有曹寿、崔浩、刘芳、颜之推注,今皆不传,唯颜师古注一卷存世。后有王应麟补注之,厘为四卷。

《急就章》今本34章,此书不是简单地把许多单字放在一起,而是有意识地加以组织,按姓名、衣服、饮食、器用等分类变成韵语,多数为七字句,这样学童在学习认字的同时还能增长各方面的知识。全书取首句"急就"二字作为篇名,"急就"就是速成的意思。这是一本速成的识字课本,全书共收2016字,没有重复的句子,文辞雅奥,是后世蒙书少能匹及的。

◇ 历代书法家及其作品

从周秦到汉中叶，可以说是以《史籀篇》为代表的蒙学教材流行时期。从汉中叶到南北朝时期，史游的《急就章》盛行，是当时主要使用的蒙学教材。而"自唐以下，其学渐微"，《急就章》的主流地位渐被新出的《千字文》所替代了。

汉代时期，先合秦代《仓颉》《爱历》《博学》等三书为《仓颉篇》，作为蒙学教材。后来又有《凡将篇》（司马相如作）、《急就章》（史游作）、《元尚篇》（李长作）、《训纂篇》（扬雄作）等书先后问世；后来又把《仓颉篇》《训纂篇》《滂熹篇》合为一书，称为《三苍》（也称为《仓颉》），这些书都是汉初《仓颉篇》的继续和发展，而《仓颉篇》文字又取自《史籀篇》。

颜师古本比皇象碑多63字，而少"齐国""山阳"两章，只有32章。王应麟在《艺文志考证》中以为此二章起于东汉，或许最为精确。其注考证广泛，足补师古之缺。别有黄庭坚本、李焘本、朱子越中本等，诸本字句小有异同；但王应麟所注，多从颜（师古）本，以其考证精深，较他家更为有据可证罢。

（2）钟繇

钟繇，字元常，颍川长社（今河南长葛东）人。他工于书法，师承曹喜、蔡邕、刘德升，博采众长，融会贯通，各体兼能，尤精于隶书和楷书。

钟繇的书法真迹早已失传，我们现在所能看到的都是后世临摹本，《荐季直表》和《宣示表》是摹刻中的佼佼者，从中可以看出钟繇书法的精神与意趣。此二表布局空灵，结体疏朗，字形

· 223 ·

略扁,带有隶书的痕迹;虽结体、法度尚有不成熟之处,似不如晋、唐楷书那般工整端正,但天真无邪、古朴盎然,自有妙不可言处,故为后人所推崇。

钟繇在书法上下过大苦功,曾自称:"吾精思书学三十年,坐与人语,以指就座边数步之地书之,卧则书于寝具,具为之穿。"可见其矢志于学。相传,有一次他在著名书法家韦诞家中看见一篇蔡邕论笔法的文章,苦求不得,以至到后来"捶胸吐血",还是曹操用"五灵丹"救活的;等到韦诞死了之后,"繇阴发其冢,始得之,书遂大进",可见他对书法的执着和专一。他能书写隶、楷、行、草等各种字体,尤其擅长楷书,开"由隶到楷"之新面貌。

他的楷字较扁,近似隶书,笔画清劲遒媚,结构茂密,笔画峭薄修长。今存《宣示表》《荐季直表》《贺捷表》《还示帖》《力命表》《墓田帖》《调元表》等帖,为晋、唐时的临摹本。

他的书法"丰润有致、刚柔相济,且古雅幽深,备尽法度",被誉为"秦汉以来,一人而已",甚至后人奉他为"楷书之祖"。

钟繇的书法主要学曹喜、刘德升和蔡邕;他的正楷书法独步当时,其所作字体,秀美典雅、幽深无际,故能超人一等。

他所处年代正是隶、楷交错变化之时,正如元袁裒《总论书家》中所说的那样:"汉魏以降,书虽不同,大抵皆有分隶余风,故其体质高古。"因此,在他的楷书之中带有浓厚的隶书意味。

他的小楷书法,体势微扁,行间茂密,点画厚重朴实,笔法则清幽俊劲、醇古简静,质地淳朴。唐张怀瓘在《书断》中评他:"真书古雅,道合神明,则元常第一。"又说:"元常真书绝妙，乃过于师，刚柔备焉。点画之间，多有异趣，可谓幽深无际，古雅有余，秦、汉以来一人而已！"

对于钟繇的书法，历代多有评论，王僧虔说："钟公之书，谓之尽妙。钟有三体，一曰铭石书，最妙者也；二曰章程书，世传秘书教小学者也；三曰行狎书，行书是也。三法皆世人所喜。"

《书法正传》云："钟繇书法，高古淳朴，超妙入神。"南朝羊欣在《采古来能书人名》中称："钟书有三体，一曰，铭石之书，最妙者也；二曰，章程书，传秘书教小学者也；三曰，行狎书，相闻者也，三法皆世人之所善。"梁武帝萧衍在《古今书人优劣评》中称其书法如"云鹄游天，群鸿戏海，行间茂密，实亦难过"。

另有《荐季直表》，传为钟繇作品中唯一有墨本传至今之作品。该表书于魏黄初二年（221），时钟繇年已七十，内容为推荐旧臣关内侯季直的表奏。此帖笔法"古雅茂密，渊懿错落"，为难得之书法精品，又因刻于石上，故有"自华氏之有刻印，而天下之学钟书者不知有《淳化阁帖》"之誉。

他的真迹已无存世，宋以来法帖中所刻的作品，如《宣示表》《贺捷表》《荐季直表》《力命表》《墓田帖》等，都是后人临摹之作。

二、魏晋南北朝

(1) 王羲之

王羲之，东晋杰出书法家，字逸少，琅邪临沂（今属山东）

· 225 ·

人。出身贵族,为王旷之子,王导之侄。官至右军将军、会稽内史,人称"王右军",后辞官隐居于会稽山阴(今浙江绍兴)。

工书法,初从卫铄(卫夫人)学书法,后见前代书法名家如李斯、钟繇、蔡邕等人的墨迹,无不用心揣摩,后博采众长,取诸体之精华为己所用。此后,师法张芝、钟繇。他善增损古法,变汉、魏朴质之书风,而创妍美流畅之新体。后世评者以为,其草书"浓纤折衷",楷书"势巧而形密",行书则"遒美劲健,富于变化,又不失天然真趣",故其书为历代学书者之所宗,对后世影响极大,故有"书圣"之誉。

王羲之小楷代表作有《乐毅论》《黄庭经》(亦称《换鹅帖》)等;草书的代表作有《十七帖》《桓公帖》《朝廷帖》《宰相帖》《司徒帖》《中书帖》《侍中帖》《尚书帖》《司马帖》《太常司州帖》《护军帖》《十一月帖》等。《淳化阁帖》中收有他的书法字帖共计159帖,多为行草夹杂。

王羲之行书代表为《兰亭序》《快雪时晴帖》等,后世刻石者和临摹者很多;宋时刻石多达数百种。其他行书法帖也很多,现将较著名的帖子列目如后:《奉橘帖》《诸弟帖》《快雪时晴帖》《从弟帖》《丧乱帖》《曹妹帖》《二谢帖》《诸贤子帖》《频有哀祸帖》《贤女帖》《伯熊帖》《此月帖》《阮公帖》《六月帖》《蔡家帖》《九月帖》《家中帖》《十月帖》《夫人帖》《三月帖》《贤弟帖》《快雨帖》《夏日帖》《平安帖》《极寒帖》《奉告帖》《州民帖》《小佳帖》《旧京帖》《悉佳帖》《安西帖》《慰情帖》《山阴帖》《叙慰帖》《水兴帖》《廓然帖》《建安帖》《遣书帖》

《豌豆帖》《省书帖》《慈颜帖》《宿昔帖》《青李来禽帖》《书魏钟繇千字文》。

王羲之有关"书论"的著作不少，传世的有《题卫夫人〈笔阵图〉后》《书论》《笔势论》《用笔赋》《记白云先生书诀》等。这些"书论"曾载于唐张彦远的《法书要录》、韦续的《墨薮》，宋朱长文《墨池编》，陈思《书苑菁华》，明汪挺《书法粹言》，清冯武《书法正传》等，影响较大。

《兰亭序》是行书法帖，又名《兰亭宴集序》，为东晋穆帝永和九年（353）三月三日，王羲之与谢安、孙绰等人集会于山阴（今浙江绍兴），其时与会人等各抒情怀，畅作诗篇，后羲之为作序文是也。《序》中记叙兰亭之美及聚会欢乐之情，以及对生死无常的感慨。

王羲之生前特别重视《兰亭序》，去世后，由其子孙传藏，传至王羲之七世孙智永（僧），因为无嗣，交绍兴永欣寺和尚、弟子辨才手里保存，后到唐太宗李世民手中，唐太宗死时，随葬入唐昭陵。五代时，一名叫温韬的人发掘昭陵而得，致使《兰亭序》真迹不知去向。因此序书法极美，故为历代书家之所推崇，后世誉为"行书第一"。

存世本中，唐摹墨迹以"神龙本"为最著，故称为《兰亭神龙本》。此本摹写精细，笔法、墨气、行款、神韵，都将羲之之笔韵和意境体现得淋漓尽致，为公认的最好摹本。石刻本则首推"定武本"。

《兰亭序》表现了王羲之书法艺术最高境界，此序将作者之气度、胸襟、情愫、感怀皆表现于字里行间，是难得之佳作。古

·227·

人称王羲之的行草如"清风出袖，明月入怀"，堪称绝妙之喻。

《快雪时晴帖》为王羲之所书。其帖行书四行，字体流利秀美、灵动潇洒，唐张怀瓘在《书断》说："逸少秉真行之要，子敬执行草之权；父之灵和，子之神骏，皆古今之独绝也。"又说他"右军开凿通津，神模天巧，故能增损古法，裁成今体，进退宪章，耀文含质，推方履度，动必中庸，英气绝伦，妙节孤峙"。

清乾隆一生酷爱书法，刻意搜求历代书法名品，他对此帖极为珍爱，在帖前题写了"天下无双，古今鲜对"。全帖二十八字，字字珠玑，被誉为"二十八骊珠"。他把此帖和王珣的《伯远帖》、王献之的《中秋帖》（号为"晋人三帖"）并藏于养心殿内，并御书匾额"三希堂"，视为稀世瑰宝；乾隆十二年（1747）又精选内府所藏魏、晋、唐、宋、元、明书家134家真迹，包括"三希堂"在内，摹刻于石上，命名为《三希堂法帖》。

（2）王献之

王献之，东晋杰出书法家，字子敬，小字官奴，王羲之的第七子，官至中书令，曾于病时让族弟王珉代行"中书令"之职，故世称王献之为"王大令"，王珉为"王小令"。

王献之工书法，善楷、行、草、隶各体，尤以行草著名。其书法，在继承张芝、王羲之的基础上另创新法，用笔外拓（开廓），俊迈而带逸气，故有"破体"之称。南朝宋、齐、梁间，人多宗其体；唐、宋以来的书家也多受其影响。王献之继承父学，且进一步独创天地，字画秀媚、妙绝时伦，以至与父齐名，人称"二王"。

墨迹著名者,有行草《鸭头丸帖》,小楷《洛神赋十三行》。草书有《玄度帖》《前告帖》《吾当帖》《侍中帖》《马侍御帖》《裴员外帖》《裴九帖》《崔十九帖》《八月帖》《十二月帖》(即《中秋帖》)、《薄冷帖》《秦中帖》《数月帖》《远书帖》《岁尽帖》等。行书有《诸舍帖》《东山帖》《舍内帖》《黄门帖》《东园帖》《李参军帖》《荐王德祖帖》《山阴帖》《冠军帖》《外甥帖》《鹅群帖》《如意帖》《二十九日帖》《卫军帖》《地黄汤帖》等。

《洛神赋十三行》是王献之的小楷代表作品,据说王献之喜好书写《洛神赋》,写了不止一行,而是十三行,故有此书。从《洛神赋十三行》中可看出,王献之的楷书笔法已不带隶意,字形也由横势变为纵势,是完全成熟之楷书作品。

此帖中字,用笔挺拔有力,风格秀美圆润,笔力遒劲,气蕴神采飞扬,字体匀称和谐、变化自然。王献之的楷书与其父王羲之相比有所不同:羲之的字含蓄,运用"内擫"手法;而献之的字神采外露,多运用"外拓"手法。其父子二人的字对后代皆产生过深刻影响。

宋董逌《广川书跋》说:"子敬《洛神赋》,字法端劲,是书家所难。偏旁自见,不相映带;分有主客,趣向严整。与王羲之《黄庭经》《乐毅论》相比,一反遒紧缜之态,神化为劲直疏秀。"

王献之曾在十五六岁时劝其父亲"宜改体,且法既不定,事贵变通,然古法亦局而执",可见其对书法之极深感悟。

他的真迹已不复存在，今世所见为南宋贾似道所刻石本，因石色如碧玉，故称"碧玉十三行"。王献之所书《洛神赋》，体势秀逸俊丽，笔致洒脱自然。清杨宾在《铁函斋书号》中评为"字之秀劲圆润，行世小楷无出其右"。梁武帝《古今书人优劣评》称"王献之书绝众超群，无人可拟，如河朔少年，皆悉充悦，举体沓拖而不可耐"。唐张怀瑾在《书断》中论其行草为："兴合如孤峰四绝，迥出天外，其峻峭不可量也。尔其雄武神纵，灵姿秀出，臧武仲之智，卞庄子之勇，或大鹏抟风，长鲸喷浪，悬崖坠石，惊电遗光。察其所由，则意逸乎笔，未见其止。盖欲夺龙蛇之飞动，掩钟张之神气。"

王献之的字虚和简静、神朗气清、灵秀流美，与文章清虚脱俗的内涵极为和谐，故后人奉《洛神赋十三行》为"小楷之极则"。

他的行书以《鸭头丸帖》为最著，体现了王献之的行书笔法，其行笔如急风骤雨，结体又疏朗有致、顾盼生姿，能寓秀美于奇险之中，是书家之所敬服处。

三、隋唐五代

（1）欧阳询

欧阳询，唐初杰出书法家，字信本，乳名"善奴"，潭州临湘（今湖南长沙）人。官至太子率更令，世称"欧阳率更"；唐太宗时授"弘文馆学士"。

工书法，初学王羲之，后兼学王献之，所写书法劲险刻厉、刚劲有力，于平正中突显险绝，后风格自成一家，世称"欧体"，对后世影响很大；他与虞世南、褚遂良、薛稷三人并称为"唐初四大家"。

书体碑刻较著名的，楷书有《九成宫醴泉铭》《化度寺碑》《皇甫碑》《虞恭公碑》《温彦博墓志铭》等。行书墨迹有《张翰》《卜商》《梦奠》等帖。其文学著作，编有《艺文类聚》100卷行世。

其字正书"易方为长，以就姿媚""四面停匀、八方平正""书如凌云台，轻重分毫无负""笔备众美，翰墨洒落"，此即史书中所说"欧体"风格。

《九成宫醴泉铭》是欧阳询的代表作之一。铭文由魏征撰，记载了唐太宗在九成宫避暑时发现涌泉的事由，后欧阳询奉敕而书。传世最佳拓本是明李琪旧藏宋拓本。

此碑书法，高华庄重，法度森严，笔画似方似圆，结构布置精严，局部险劲而整体端庄，无紊乱夹杂处，亦无松弛感。唐人评其书为"森森然若武库矛戟""有龙蛇战斗之象，云雾轻笼之势"。明陈继儒曾谓："此帖如深山至人，瘦硬清寒，而神气充腴，能令王公屈膝，非他刻所可方驾也。"

元虞集题此碑时说："楷书之盛，肇自李唐，若欧、虞、褚、薛尤其著者也。余谓欧公当为三家之冠，盖其同得右军运笔之妙谛。观此帖结构谨严，风神道劲，于右军之神气骨力两不相悖，实世之珍。但学《兰亭》面而欲换凡骨者，曷其即此为金丹之供！"明王世贞对此碑亦评云："信本书太伤瘦俭，独《醴泉铭》

遒劲之中不失婉润,尤为合作。"

欧阳询书法用笔方整,略带隶意,笔力刚劲。清包世臣曾说"欧字指法沉实,力贯毫端,八方充满,更无假于外力。"故知欧体字强调指力,所写笔画需骨气内含、结实有力,每一笔画需轻重得体、长短适宜,得"中实"之趣方好;其字主笔多向外延伸,显中宫紧密严谨,尤其右边之竖笔,常向上夸张延伸,更显其超人之胆识,这些皆为"欧字"用笔独特之处。

在欧阳询之作品中,《化度寺碑》少其变化之丰,《温彦博墓志铭》逊其温润之势,独此碑寓险峻于平正之中,融丰腴于瘦硬之内,含韵致于法度之外,兼纳南派和雅与北派雄劲。

《九成宫醴泉铭》是欧阳询七十五岁的作品,最能代表他的书法水平。《宣和书谱》誉之为"翰墨之冠"。宋赵孟頫说:"清和秀健,古今一人"。

(2)虞世南

虞世南,唐书法家,字伯施,越州余姚人,工书法,亲承王羲之七世孙智永传授,妙得其体。所书笔致圆融遒逸,外柔内刚,风神潇洒,骨力遒劲,后开一家之新面貌。唐张怀瓘在《书断》中称:"其书得大令之宏观,含五方之正气,姿荣秀出,智勇在焉。秀岭危峰,处处间起,行草之际,尤所偏工。及其暮齿,加以遒逸。"与欧阳询、褚遂良、薛稷并称为"唐初四大家"。

他的楷书碑刻有《孔子庙堂碑》《破邪论》,墨迹有《汝南公主墓志铭》《左脚帖》《东观帖》《醒带帖》《积时帖》等，另编有《北堂书钞》160卷行世。

虞世南其人性喜沉静，清心寡欲，精思读书，博达古今，才情横溢；其笔致圆润遒逸，潇散洒落，有六朝余韵。其书法刚柔并重，骨力遒劲，行笔流畅，继承了王羲之外拓法而别树一帜，其字"积雄劲为内势，化刚柔为一体"，世称"虞体"。

《孔子庙堂碑》即是他的代表作。此碑为虞世南六十九岁时所书，该碑笔力遒劲，气力内沉，从容向外；点画之间，信手拈来，舒卷自如，如玉树临风、纤尘不染，突显雍容华贵、端庄优美之姿，体现其书论中"冲和"之旨。

此碑书法俊朗圆腴，端雅静穆，是初唐碑刻中的杰作，也是历代金石家和书法家公认的"虞书"妙品。宋黄庭坚有诗云："孔庙虞书贞观刻，千两黄金那购得？"可见原拓本于北宋时已不多见了，亦可从此处得见此碑之珍贵。

其原碑早已毁没，后世主要有宋元两种翻刻本：一为宋王彦超摹刻于陕西西安，俗称"陕本"；二为元朝至正年间重刻于山东城武，俗称"城武本"。后至清时，临川李宗瀚得唐石原拓本，世称"唐拓"。现世所见之《孔子庙堂碑》即是以李氏所藏唐拓为底本，缺字以"陕本"补全后合并而成之碑帖。

虞世南除于书法上独树一帜外，且于书论上亦有建功，为唐初有书学理论并影响后世之第一人；他所撰写的《笔髓论》既有对楷书、行书、草书等书体的评述和技法之精要分析，更提出以"冲和"为主的美学见解，精辟而独到，足见其于书法、美学上深思之力。

(3) 褚遂良

褚遂良，初唐杰出书法家，字登善，钱塘人氏，官至河南郡公。大书法家虞世南死后，唐太宗感叹"从此没有人可以与他讨论书法"时，魏征推荐褚遂良，说他"下笔遒劲，甚得王逸少（王羲之）体"，后太宗下诏召褚遂良为"侍读直学士"。贞观二十三年（649），唐太宗病危时，命褚遂良和长孙无忌同为"顾命大臣"，辅佐太子李治即位。高宗即位后，封褚遂良为河南郡公，后累迁至吏部尚书、尚书右仆射等，位极人臣；此后，因极力反对唐高宗废王皇后而立武则天为皇后，被贬官流放至桂林，后再贬至安南，直到去世。

传世书迹有碑刻《伊阙佛龛碑》《孟法师碑》《雁塔圣教序》《房梁公碑》等，行书刻本则有《枯树赋》《文皇哀册》等。其中，《雁塔圣教序》最有自家之法；在此碑中，他把虞、欧法融为一体，从气韵上看直追王逸少（王羲之），但用笔结字、圆润瘦劲之处却是自家笔法。

褚遂良博涉文史，尤工书法。其书初学虞世南，后师法王羲之；下笔古雅绝俗，正书丰润流畅，行则变化多姿，气势俊秀。其字对后世书风影响甚大，故世人将他与欧阳询、虞世南、薛稷并称"唐初四大家"。

杜甫有诗句云"书贵瘦硬方通神"，《雁塔圣教序》表现的正是"瘦硬通神"之韵味。宋董逌《广川书跋》中亦说："疏瘦劲练，又似西汉，往往不减铜笛等书，故非后世所能及也。昔逸少所受书法，有谓'多骨微肉者筋书，多肉微骨者墨猪；多力丰筋者圣，无力无筋者病'。河南（指褚遂良）岂所谓瘦硬通神者邪？"

《雁塔圣教序》碑为褚书中最杰出者，其字圆润瘦劲，笔法娴熟老练；其时，褚遂良已步入老年，故其为唐楷已创出了规范，因而他在字体结构上改变了欧、虞二人的长形字，创造出看似纤瘦、实则劲秀的字体。

（4）颜真卿

颜真卿，琅琊临沂（今山东临沂）人，字清臣，为我国书法史上的"楷书四大家"之一。曾任平原（今属山东）太守，官至吏部尚书、太子太师，封"鲁郡公"，世称"颜平原""颜太师""颜鲁公"。颜真卿在安禄山之乱时，固守平原城，为义军盟主，后前往劝降叛将李希烈时不幸遇害。

颜真卿的书法，初学褚遂良，后请教有"草圣"之誉的张旭，深悟笔法要旨；后参考并运用篆书的笔意来写楷书，以至有所创新，遂变初唐楷书"瘦硬清劲"而为"雄强茂密"，能熔篆、隶、楷、行、草于一炉，有如"折钗股，屋漏痕"，又如"以印印泥，以锥画沙"；其楷书笔力丰满、端庄雄伟，方严正大，朴拙雄浑；且气势森严，颇具法度；行书则"遒劲郁勃、阔达自如"，书风区别于"二王"（王羲之、王献之）和唐初诸书家，因独特之笔法，故世人称其字为"颜体"。

颜真卿的书法既有前贤书体的气韵和法度，又不为古法所

· 235 ·

缚，后突破唐初楷书成规，自成一体，为"圆笔"之开创者，后人称之为"颜体"，与书法家柳公权并称为"颜筋柳骨"。世人说王羲之是书法中"尚韵"的最高典范，颜真卿则为"尚法"的最高榜样。唐人《书评》论其书："如荆卿按剑，樊哙拥盾，金刚嗔目，力士挥拳。"可见对其极为推崇。其书风格影响所及，延绵至今。

他的墨迹较多，墨迹中楷书有《自书告身》；行书有《祭侄稿》《刘中使帖》；碑刻则有《争座位帖》《多宝塔碑》《东方画赞》《颜家庙碑》《麻姑仙坛记》《颜勤礼碑》《中兴颂》《八关斋会报德记》等；其文章后人辑有《颜鲁公文集》行世。

《祭侄稿》乃颜真卿为祭奠于"安史之乱"中就义的侄子颜季明所作。唐天宝十四年（755），安禄山谋反，平原太守颜真卿联络其从兄常山太守颜杲卿起兵讨伐叛军。次年正月，叛军攻陷常山，颜杲卿及其少子季明先后遇害。唐肃宗乾元元年（758），颜真卿命长侄往河北寻得季明首骨而归，于是挥泪写下这篇感人至深、留芳千古的祭文。

《祭侄稿》因是祭文，是颜真卿有感而发的，故笔迹急促、匆忙，涂抹删补处随时可见；纵观全篇，悲愤慷慨之气、苍凉悲壮之情溢于笔端，至"贼臣不救，孤城围逼"时而有百感交集之愤激，故其字于此狂涛倾泻，字形也变得时大时小，行距忽宽忽窄，用墨燥润相间，笔锋藏露并用；至"呜呼哀哉"时，情感顿达高潮，因而所书随情挥，有如忘情，其实是字由心发，神气所注，故而宛如天成，整篇皆从内心之流露。

《祭侄稿》为作者情之所致、无意作书，故写得起伏跌宕、神采飞扬，得自然之妙；且以真挚情感运于笔墨，悲壮哀伤注入其间，其字不计工拙、随意无拘，纵笔豪放，血笔交融而一气呵成，故得神来之笔，被后人誉为"天下第二行书"。元鲜于枢《跋》语谓："《祭侄稿》，天下行书第二。"元陈深说："纵笔浩放，一泻千里；时出遒劲，杂以流丽：或若篆籀，或若镌刻，其妙解处，殆若天造，岂非当时注思为文，而于字画无意于工，而反极工耶？"

清王顼龄《跋》："鲁公忠义光日月。书法冠唐贤。片纸只字，是为传世之宝。况祭侄文尤为忠愤所激发。至性所郁结，岂止笔精墨妙，可以振铄千古者乎。"

《多宝塔碑》，全称《大唐西京千福寺多宝塔感应碑》，天宝十一年（752）四月廿日建，岑勋撰文，颜真卿书丹，徐浩题额，史华刻字，现藏西安碑林，是他继承传统的作品。《书画跋》："此是鲁公最匀稳书，亦尽秀媚多姿，第微带俗，正是近世撰史家鼻祖。"

（5）柳公权

柳公权，字诚悬，京兆华原（今陕西耀县）人，官至太子少师。工书，尤以楷书闻名。初学王羲之，后师颜真卿、欧阳询，用笔遒健，字体结构俊秀严紧、刚劲有力，尤以骨力胜人一等，其书对后世影响很大，故后人将他与书法家颜真卿并称为"颜筋柳骨"。

柳公权的楷书，书体开展，中宫密集，重心偏高，而以撇、捺等加以支撑，给人以峻秀之感，法度极为森严，"柳体"起笔、

· 237 ·

收笔无法则可寻，顿挫提按也没有规矩可依；其笔大体均匀，且棱角分明。

柳公权学"颜体"，一变宽博丰润而为紧峭峻秀，化凝重端正为犀利遒健，偏重骨力，给人以"俊俏英伟"之感，故有"颜筋柳骨"之誉。北宋朱长文《墨池编》中评其书云："正书及行楷皆妙品之最，草不失能，盖其法出于颜，而加以遒劲丰润，自名一家。"

他博览群书，才华出群，出口成章，对答如流。一次陪文宗到未央宫，轿车刚停，文宗就令他以数十言颂之。公权一视，出口成章，左右逢源，言辞流利优美，左右无不惊叹。文宗又笑着说："卿再吟诗三首，称颂太平。"公权毫无难色，慢步高歌，七步三首，文宗感叹地说："曹子建七步成诗，卿七步诗三首，真乃奇才也。"

柳公权历经了唐朝代、德、顺、宪、穆、敬、文、武、宣、懿十代皇帝，官至太子太师、紫光禄大夫上柱国、河东郡开国公。咸通六年（865）逝世，享年八十八岁，葬于耀县阿子乡让义村，墓前有清乾隆陕西巡抚毕沅所立碑，上书"唐太子太师河东郡公柳公权墓"。

《神策军碑》是柳公权楷书的代表作之一。此碑结体布局平稳匀整，保留了左紧右舒的传统结构。运笔方圆兼施，运用自如；笔画敦厚方正、沉着稳健，表现了柳体楷书浑厚、开阔的典型风格。正如岑宗旦《书评》云："（柳书）如辕门列兵，森然环卫。"

清孙承泽《跋》文说："柳学士所书《神策军纪圣德碑》，

风神整峻,气度温和,是其生平第一妙迹。"

《玄秘塔碑》是柳公权的代表作,其体中宫紧密,四周疏放,笔书向内攒聚,向外辐射,撇高捺低,表现出静中有动的超逸姿态。

其书初学王羲之,后融北碑方笔于楷书,取"欧体"之密瘦硬险峻,又削减"颜体"之肥厚丰满,结体中宫紧缩,四角宽博开张;用笔瘦硬挺劲,骨峻气宏,自成一家,人称"柳体"。

柳公权的书法遒劲俊媚,用笔、结体都有其独到之处。他在用笔方面非常注重法度,讲究"精确干脆、一丝不苟",尤其对笔画的始末笔端特别注重,方落、圆收,或方圆兼施,以求准确无误。其字短线浑厚有力,长线刚挺有质,以有弹性。挑、钩、折等用笔自如,锋出锐利,有"势不可挡"之态;此外,柳体运笔多用中锋,以腕力行之,故线条纯厚、质朴苍劲,可谓"笔正"之典范。

柳公权的书法尤以楷书为佳,其笔法、结构已达炉火纯青之地步,对当时以及后世都产生了极大的影响。据史书载,当时的公卿大臣家的碑刻墓志如不是"柳体"所书就以为不孝,足见其影响之大。

(6) 张旭

张旭,唐朝大书法家。字伯高,吴郡(治今江苏苏州)人,官至金吾长史,世称"张长史"。他擅长"狂草",号称"草圣"。因其为人性格豪放,好饮酒,善写诗,与当时著名诗人李白、贺知章等人交往甚密,人称"酒中八仙"。唐人好以书饰壁,相传张旭往往大醉后呼叫狂走,然后挥笔狂写,故人世呼"张颠"。其草书"行笔如从空掷下,俊逸流畅,焕乎天光,若非人力所为"。意蕴超妙,行笔非凡。

张旭的书法,初学"二王",端正谨严,规矩至极,传世《郎官石柱记》可见其楷法笔法;然而,最能代表其书法创造性成就的,则是他的狂草作品。其善于生活中观察体悟,据其自称,他的书法是见公主与担夫争道而得其意,大意谓"略甚狭窄而又势在必争,妙在主次揖让之间能违而不犯"(典出唐代李肇《国史补》),从而领悟到书法的结构布白"进退参差有致,张弛迎让有度"的书法意境——此即所谓"担夫争道"之典故由来,后观公孙氏舞剑而得其神,自此书艺大进。

《肚痛帖》是张旭狂草的代表作,此帖写得纵横飞扬,精灵跳跃,犹如灵兔奔走,疏狂的笔法使字形结体动荡,但通篇看去却很平稳。《古诗四帖》以其崭新、高美的形式,巨大的气魂开雄伟壮阔之篇章。

高适在《醉后赠张九旭》赞云:"兴来书自圣,醉后语尤颠。"杜甫亦云:"张旭三杯草圣传,脱帽露顶王公前,挥毫落纸如云烟。"张旭狂草,出乎天性,而力运自发,宛如天成。

欧阳修《集古录》:"旭以草书知名,而《郎官石记》真楷可爱。"丰道生跋:"行笔如从空掷下,俊逸流畅,焕乎天光,若非人力所为。"《宣和书谱》中评说:"其名本以颠草,而至于小楷行草又不减草字之妙,其草字虽然奇怪百出,而求其源流,无一点画不该规矩者。"

他精工楷书、草书，尤以草书著称。他的书法得于"二王"，而又独创新意。楷书《郎官石柱记》，取欧阳询、虞世南，笔法端庄严谨、不失规矩，展现楷书之精妙。

旧时，常熟城内曾建有"草圣祠"，祠内有一副楹联，云："书道入神明，落纸云烟，今古竞传八法；洒狂称草圣，满堂风雨，岁时宜奠三杯。"可见其书法之精湛。

书法大家颜真卿曾向他请教笔法，怀素继承和发展了他的草法，后以"狂草"得名，对后世影响很大。其草书与李白诗歌、裴旻剑舞并称为"三绝"。

唐韩愈竭力推崇其书，在《送高闲上人序》中称："旭善草书，不治他技，喜怒窘穷，忧悲愉佚，怨恨思慕，酣醉无聊不平，有动于心，必于草书发之。观于物，见山水崖谷，鸟兽虫鱼，草木之花实，日月列星，风雨水火，雷霆霹雳，歌舞战斗，天地事物之变，可喜可愕，一寓于书。故旭之书，变动犹鬼神，不可端倪，以此终其身而名后世。"

张旭狂草，笔墨纵横，然能左右逢源、游刃有余。《宣和书谱》云："其草字虽奇怪百出，而求其源流，无一点画不该规矩者，或谓张颠不颠是也。"此言或许最为恰当。

其书博大清新，纵逸豪放之处，远超前代，颇具盛唐气象。传世书迹除楷书《郎官石柱记》外，草书有《肚痛帖》《古诗四帖》等较为著名。

四、宋元时期

(1) 蔡襄

蔡襄,宋代杰出书法家,"宋四家"之一。字君谟,兴化仙游(今属福建)人,官至端明殿学士,人称"蔡端明",谥"忠惠"。其书风格意境取法晋、唐,恪守法度;讲究古意,以神气为佳,书谓"端劲高古,容德兼备",开启宋代书派之主流。

蔡襄为人忠厚正直,知识渊博,他的字"端劲高古,容德兼备"。《自书诗帖》得鲁公笔法而修于鲁公书,可为楷则。沈括说他善于"以散笔作草书,谓之散草,或曰飞草,其法皆生于飞白,自成一家。"这说蔡襄虽追求古趣,但不是"泥古不化"的,敢于创新。

其人善书,工正、行、草书,也善章草。书学虞世南、颜真卿,并取法晋人。正楷端庄沉着,行书温淳婉媚,草书参用"飞白"法;与苏轼、黄庭坚、米芾并称"宋四家"。

《东坡题跋》称:"'蔡君谟独步当世'此为至论。君谟行书第一,小楷第二,草书第三;就其所长而求其所短,大字为小疏也。天资既高,辅以笃学,其独步当世宜哉。"明陶宗仪《书史会要》云:"君谟工字学,大字矩数尺,小字如毫发,笔力位置,大者不失缜密,小者不失宽绰。"米芾《海岳名言》评其书:"如少年女子体态娇娆,行步缓慢,多饰铅华。"

传世墨迹有《谢赐御书诗》和书札、诗稿等;碑刻有《万安桥记》《昼锦堂记》等。著有《茶录》《荔枝谱》,及后人所辑

《蔡忠惠公集》等。

蔡襄官至端明殿学士,知杭州,卒谥"忠惠"。擅篆、籀、楷、隶、行、草等书体,楷书师法颜真卿,结体端严,体格恢宏;行书得晋人风韵,潇洒简逸。论书应注重"神、气、韵",崇尚古法。

蔡襄书法浑厚端庄、淳淡婉美,其正楷端重沉着,行草温淳婉丽。其书法在其生前就受时人推崇备至,极负盛誉,最推崇他书艺的人首数苏东坡、欧阳修。

在"宋四家"中,苏轼、黄庭坚、米芾都以行草见长,而蔡襄却以楷书著称。其书法师从褚遂良、颜真卿,兼取晋人法则;其字端正沉着、雄伟遒丽。米芾、苏东坡、黄庭坚、欧阳修对他的书法都十分推崇。

欧阳修说:"自苏子美死后,遂觉笔法中绝。近年君谟独步当世,然谦让不肯主盟。"(《欧阳文忠公集》)

许将《蔡襄传》说:"公于书画颇自惜,不妄为人,其断章残稿人悉珍藏,仁宗尤爱称之。"

《自书诗帖》是其行书代表作,整篇神气连贯,笔意温婉清隽,犹有王羲之的《兰亭》遗风。

(2)苏轼

苏轼是北宋著名的文学家、书画家。他与他的父亲苏洵、弟弟苏辙皆以文学闻名于世,世称"三苏"。他与唐代的韩愈、柳宗元和宋代的欧阳修、苏洵、苏辙、王安石、曾巩合称"唐宋八大家";又与黄庭坚、米芾、蔡襄被称为最能代表宋代书法成就的书法家，合称为"宋四家"。

元丰二年（1079），苏轼到任湖州还不到三个月，因有人说他作诗讽刺"新法"，故有"文字毁谤君相"的罪名，后被捕下狱，史称此一事件为"乌台诗案"。元祐六年（1091），他又被召回朝；但不久又因为政见不合，被外放颍州。元祐八年（1093），他以"讥刺先朝"罪名，贬为惠州安置，再贬为儋州（今海南省儋县）别驾、昌化军安置。徽宗即位，调廉州安置、舒州团练副使、永州安置。元符三年（1100）大赦，复任朝奉郎，北归途中卒于常州，谥号"文忠"，时年六十六岁。

黄庭坚在《山谷题跋》中说"东坡书如华岳山峰，卓立参昂，虽造物之炉锤，不自知其妙也。余谓东坡书，学问文章之气郁郁芊芊，发于笔墨之间，此所以他人终莫能及耳"。又说："至于笔圆而韵胜，挟以文章妙天下，忠义贯日月之气，本朝善书者，自当推为第一。"

存世书迹著名者，有《前赤壁赋》《答谢民师论文帖》《祭黄几道文》《黄州寒食诗帖》《洞庭春色赋》《中山松醪赋》合卷；此外，尚有《一夜帖》《久上人帖》《子由梦中诗帖》《与子厚书》《天际乌云帖》《董侯官帖》等；碑刻有《丰乐亭记》《司马温公碑》《表忠观碑》《苏子丹碑》（亦称《罗池庙迎送神辞碑》）《醉翁亭记》等。

另有《与若虚帖》《答钱穆父诗帖》《付颖沙弥二帖》《遗过于帖》《次韵秦太虚诗帖》《与郭廷评书帖》《与宣猷丈帖》《渔父破子词帖》《武昌西山诗帖》《石恪画维摩赞帖》《鱼枕冠颂

帖》《致道源四帖》等已收入《三希堂法帖》。

苏轼，字子瞻，又字和仲，号东坡居士，人称"玉局""长公""雪堂"，谥"文忠"，眉州（今属四川）人。嘉祐进士，历官翰林学士、端明殿侍读学士、礼部员外郎，至兵部尚书、礼部尚书；苏轼生平喜爱提拔后进，著名诗人和书法家黄庭坚、北宋著名词人秦观等人均出其门下。

《前赤壁赋》将苏轼的旷达胸襟、高洁灵魂及超逸优游的心境体现了出来，故明董其昌赞扬此书墨法云："每波画尽处每每有聚墨痕，如黍米珠，恨非石刻所能传耳。"

苏轼的书法，主要是行书和楷书，楷书也含有行书的韵味。其书法初学"二王"，后学李邕、徐浩，中年以后又学颜真卿、杨凝式，继而自成一格。其字特色，以"笔圆韵"胜，即丰肥而有气韵。他曾说过："作字之法，识浅、见狭、学不足，三者终不能尽妙；我则心、目、手俱得之矣。"

其书集众家之长，开创"刚健婀娜、丰腴圆润"的"苏体"，后启"宋代尚意"的独特风格。与黄庭坚、米芾、蔡襄并称"宋四家"。黄庭坚在《山谷题跋》称："蜀人不能书，而东坡独以翰墨妙天下。"

黄庭坚曾题字云："东坡道人少时学《兰亭》，故其书姿媚似徐浩；至于酒酣放浪，能忘工拙时，瘦硬字乃似柳诚悬。中年喜学颜鲁公、杨风子书，其合处不减李北海。至于笔圜而韵胜，挟文章妙天下，忠义贯日月之气，本朝善书者自当推为'第一'。数百年后，必有知余此论者。"

其子苏过在《斜川集》中说："吾先君子，岂以书自名哉。

特以其至大至刚之气发于胸中,而应之于手,故不见其有刻画妩媚之工,而端章甫若,有不可犯之色。"

苏轼的著述宏丰,与韩愈、柳宗元和欧阳修三家并称为"唐宋四家"。其文章风格平易流畅、豪放自如。

(3) 米芾

米芾,一作黻,字元章,号鹿门居士、襄阳漫士、海岳外史,祖籍太原(今属山西),迁襄阳(今湖北襄樊),世称"米襄阳";后定居润州(今江苏镇江),徽宗赵佶召为书画学博士,官至礼部员外郎,人称"米南宫"。相传,他爱古好奇,常穿了唐代服装在大街上四处走;又喜爱石头,看见奇石就下拜,呼之为兄,因其举止狂放或疯癫,故世称"米颠"。

米芾书法成就最大者是行书和草书。他能博取前人所长,用笔俊迈豪放,自谓"刷字",意谓"运笔迅速而劲挺",世有"风樯阵马、沉着痛快"之评。黄庭坚说:"元章书如快剑斫阵,强弩射千里,当所穿彻,书家笔势,亦穷于此。"他曾自述云:"善书者只有一笔,我独有八面。"后人更称赏他是"八面出锋"。

他的书法作品,大至诗帖,小至尺牍、题跋都具有"痛快淋漓、欹纵变幻、雄健清新"的特点;"快刀利剑"之气势。传世作品如《蜀素帖》《苕溪诗》是其书风成熟时得意之作,用笔跌宕起伏,雄健异常,变化多端,为难得之书品。

《宣和书谱·行书六》称:"大抵书效羲之,诗追李白,篆宗史籀,隶法师宜官,晚年出入规矩,深得意外之旨。自谓善书者只得一笔，我独有四面，识者然之。"

曾自负能提笔作小楷，笔笔端谨，字如蝇头，而位置规模，皆若大字，然不肯多写。曾奉诏仿《黄庭》小楷，作周兴嗣《千字》韵语。

他学过很多名书法家的作品，临摹得十分逼真。据说他曾向朋友借了古书画，临摹后，将真迹和摹本一起交给物主，物主竟无法辨认。有人评说："善临摹者，千古唯米老一人而已。"其擅画，曾创"米字点"，作《夏雨图》，苍茫沉酣，大雨滂沱，为世所重。

著有《宝晋英光集》《书史》《画史》《砚史》《海岳名言》《宝章待访录》等。行书书迹有《多景楼诗》《苕溪诗》《蜀素帖》《拜中岳铭》《三吴诗帖》《与景文书帖》《天马赋》《方圆庵记》(《三帖卷》)，《跋陈摹褚本兰亭》《李太师帖》《张权帖》(一称《河事帖》)，《张季明帖》《伯充台坐帖》《步辇图题名》《陈揽帖》《叔晦帖》《知府帖》《春和帖》《珊瑚帖》《复官帖》《诗跋褚摹兰亭》《紫金帖》《鹤林甘露帖》等；草书有《元日帖》《中秋登海岱楼二诗帖》《论草书帖》《吾友帖》《两三日帖》等，亦曾书《千字文》，其《鲁公仙迹记》原在湖州鲁公祠，石佚后已重刻。

米芾能诗文，擅书画，精鉴别，好收藏名迹，能以假乱真。他以行草书最著，博取前人所长，用笔俊迈豪放，有"风樯阵马，沉着痛快"之评。

《蜀素帖》笔法苍老凝练，行笔涩劲，沉稳爽利，世有"清雅绝俗，超神入妙"之叹。其书体虽属宋朝简札书风，是"二王"及唐、五代书风的延续，但细察似乎与前人书法无一相似之处，是米芾自家风格的最好体现。明董其昌《跋》曰："米元章此卷，如狮子捉象，以全力赴之，当为生平合作。"

米芾的用笔特点，主要是善于在正侧、偃仰、向背、转折、顿挫中形成"飘逸超迈"的气势以及"沉着痛快"的风格。米芾的书法中常有侧倾的体势，欲左先右，欲扬先抑，都是为了增加跌宕跳跃的风姿、骏快飞扬的神气，以浑厚功底作前提，故而出于天真自然，绝非"矫揉造作"。章法上，重视整体气韵，兼顾细节的完美，成竹在胸，书写过程中随遇而变，独出机巧。

其画山水出自董源，天真发露，不求刻意，多用水墨点染，自谓"信笔作之，多以烟云掩映树石，意似便已"。子友仁继父法有所发展，自称"墨戏"，画史上有"米家山""米氏云山"和"米派"之称。

米芾还爱砚。砚为"文房四宝"之一，为书画家必备之物。米芾于砚素有研究，有《砚史》一书，据说对各种古砚的品样，及端州、歙州等石砚的异同优劣均有详细的辨论，倡言"器以用为功，石理以发墨为上"。其子米友仁书法继承家风，亦为一代书家。

（4）赵孟頫

赵孟頫，元代大书法家。其书风探远源古，力追"二王"，斟酌隋、唐风格，一变而为宋代"习尚"；其用笔流丽圆转、骨力秀劲，呈现出富有个性的娇美风格、自成一家，世称"赵体"。

赵孟頫，字子昂，号松雪道人，湖州人（今属浙江）。他是宋朝的宗室，宋亡后仕元，深受元世祖和元仁宗的宠遇，被授予各种官职，在政治上相当显赫。但因他是宋宗室而为元朝高官，故颇为宋朝遗民所轻视，且常遭到蒙古贵族中一些人的反对，因而心情矛盾，故他的诗文中常会流露出抑郁之情，并将大量精力用在书画创作中。

书法则工篆书、隶书、真书、行书、草书，各体皆能；早年曾学宋高宗的字，中年后取法"二王"和智永（僧），晚年则师法李邕，兼取颜真卿、米芾之长，最后兼容并包、取众之长，形成了"结体严整、运笔圆熟、姿态遒媚"的书风。存世书迹甚多。

正书有《玄妙观重修三门记》《妙严寺记》《信心铭》《续千字文卷》；小楷有《汲黯传》《道统源流册》《道德经》《道统生神章》；章草有《临急就章》；行书有《洛神赋》《绝交书》《临兰亭序》《临集王书圣教序》《胆巴碑》《心赋》《雪赋》《湖州妙严寺记》《归田赋》《兰亭十三跋》等。此外，所书碑石也不少，其中《张天师神道碑》存北京朝阳门外东岳庙。松江有其《松江宝云寺记》。

在绘画上，无论山水、人物、花鸟、竹石、鞍马，孟頫无所不能；工笔、写意、青绿、水墨，亦无所不精。据说他自五岁起学书，几无间日，直至临死前尚"观书作字"，对书法可谓"情有独钟"。其提出"作画贵有古意""云山为师""书画本来同"等法度，颇为后人所重。

他善篆、隶、真、行、草书，尤以楷、行书著称于世，《元史》本传云："孟𫖯篆、籀、分、隶、真、行、草无不冠绝古今，遂以书名天下。"元鲜于枢《困学斋集》称："子昂篆、隶、真、行、颠草为当代第一；小楷又为子昂诸书第一。"其书风遒媚俊秀、清雅飘逸，结体严整端庄，笔法圆熟妙丽，世称"赵体"。其与颜真卿、柳公权、欧阳询并称为"楷书四大家"。

赵孟𫖯所书，尤其擅长楷书和行草。其小楷，书体备极楷则，墨迹如《道德经》等；其大楷，书体法度森严，如《胆巴碑》《玄妙观重修三门记》等；其行草，书体优美洒脱，墨迹如《洛神赋》《兰亭十三跋》等，时人有评云"花舞风中，云生眼低"。

唐之传奇文

鲁　迅

小说到了唐时，却起了一个大变迁。我前次说过：六朝时之志怪与志人底（的，下同。编者注）文章，都很简短，而且当作记事实；及到唐时，则为有意识的作小说，这在小说史上可算是一大进步。而且文章很长，并能描写得曲折，和前之简古的文体，大不相同了，这在文体上也算是一大进步。但那时作古文底人，见了很不满意，叫它做"传奇体"。

"传奇"二字，当时实是訾贬的意思，并非现代人意中的所谓"传奇"。可是这种传奇小说，现在多没有了，只有宋初底《太平广记》——这书可算是小说的大类书，是搜集六朝以至宋初底小说而成的——我们于其中还可以看见唐时传奇小说底大概：唐之初年，有王度做的《古镜记》，是自述得一神镜底异事，文章虽很长，但仅缀许多异事而成，还不脱六朝志怪底流风。此外又有无名氏做的《白猿传》，说的是梁将欧阳纥至长乐，深入溪洞，其妻为白猿掠去，后来得救回去，生一子，"厥状肖焉"。纥后为陈武帝所杀，他的儿子欧阳询，在唐初很有名望，而貌像猕猴，忌者因作此传；后来假小说以攻击人的风气，可见那时也就流行了。

到了武则天时，有张鷟做的《游仙窟》，是自叙他从长安走河湟去，在路上天晚，投宿一家，这家有两个女人，叫十娘、五嫂，和他饮酒作乐等情。事实不很繁复，而是用骈体文做的。这种以骈体做小说，是从前所没有的，所以也可以算一种特别的作品。到后来清之陈球所做的《燕山外史》，是骈体的，而作者自以为用骈体做小说是由他别开生面的，殊不知实已开端于张鷟了。但《游仙窟》在中国久已佚失；惟在日本，现尚留存，因为张鷟在当时很有文名，外国人到中国来，每以重金买他的文章，这或者还是那时带去的一种。其实他的文章很是佻巧，也不见得好，不过笔调活泼些罢了。

唐至开元（713—741）、天宝（742—756）以后，作者蔚起，和以前大不同了。从前看不起小说的，此时也来做小说了，这是和当时底环境有关系的，因为唐时考试的时候，甚重所谓"行卷"；就是举子初到京，先把自己得意的诗钞成卷子，拿去拜谒当时的名人，若得称赞，则"声价十倍"，后来便有及第的希望，所以行卷在当时看得很重要。到开元、天宝以后，渐渐对于诗有些厌弃了，于是就有人把小说也放在行卷里去，而且竟也可以得名。所以从前不满意小说的，到此时也多做起小说来，因之传奇小说，就盛极一时了。

大历（766—779）中，先有沈既济做的《枕中记》——这书在社会上很普通，差不多没有人不知道的——内容大略说：有个卢生，行邯郸道中，自叹失意，乃遇吕翁，给他一个枕头，生睡

◇ 唐之传奇文

去，就梦娶清河崔氏——清河崔属大姓；所以得娶清河崔氏，也是极荣耀的——并由举进士，一直升官到尚书兼御史大夫。后为时宰所忌，害他贬到端州。过数年，又追他为中书令，封燕国公。后来衰老有病，呻吟床次，至气断而死。梦中死去，他便醒来，却尚不到煮熟一锅饭的时候——这是劝人不要躁进，把功名富贵，看淡些的意思。到后来明人汤显祖做的《邯郸记》，清人蒲松龄所做《聊斋》中的《续黄粱》，都是本这《枕中记》的。

此外还有一个名人叫陈鸿的，他和他的朋友白居易经过安史之乱以后，杨贵妃死了，美人已入黄土，凭吊古事，不胜伤情，于是白居易作了《长恨歌》；而他便做了《长恨歌传》。此传影响到后来，有清人洪昇所做的《长生殿》传奇，是根据它的。当时还有一个著名的，是白居易之弟白行简，做了一篇《李娃传》，说的是：荥阳巨族之子，到长安来，溺于声色，贫病困顿，竟流落为挽郎——挽郎是人家出殡时，挽棺材者，并须唱挽歌——后为李娃所救，并勉他读书，遂得擢第，官至参军。行简的文章本好，叙李娃的情节，又很是缠绵可观。此篇对于后来的小说，也很有影响，如元人的《曲江池》，明人薛近兖的《绣襦记》，都是以它为本的。

再唐人底小说，不甚讲鬼怪，间或有之，也不过点缀点缀而已。但也有一部分短篇集，仍多讲鬼怪的事情，这还是受了六朝人底影响，如牛僧孺的《玄怪录》，段成式的《酉阳杂俎》，李复言的《续玄怪录》，张读的《宣室志》，苏鹗的《杜阳杂编》，裴铏的《传奇》等，都是的。然而毕竟是唐人做的，所以较六朝人做的曲折美妙得多了。

· 253 ·

唐之传奇作者,除上述以外,于后来影响最大而特可注意者,又有二人:其一著作不多,而影响很大,又很著名者,便是元微之;其一著作多,影响也很大,而后来不甚著名者,便是李公佐。现在我把他两人分开来说一说。

一、元微之的著作

元微之名稹,是诗人,与白居易齐名。他做的小说,只有一篇《莺莺传》,是讲张生与莺莺之事,这大概大家都是知道的,我可不必细说。微之的诗文,本是非常有名的,但这篇传奇,却并不怎样杰出,况且其篇末叙张生之弃绝莺莺,又说什么"德不足以胜妖,是用忍情"。文过饰非,差不多是一篇辩解文字。可是后来许多曲子,却都由此而出,如金人董解元的《弦索西厢》——现在的《西厢》是扮演,而此则弹唱——元人王实甫的《西厢记》,关汉卿的《续西厢记》,明人李日华的《南西厢记》,陆采的《南西厢记》等等,非常之多,全导源于这一篇《莺莺传》。但和《莺莺传》原本所叙的事情,又略有不同,就是:叙张生和莺莺到后来终于团圆了。

这因为中国人底心理,是很喜欢团圆的,所以必至于如此,大概人生现实底缺陷,中国人也很知道,但不愿意说出来;因为一说出来,就要发生"怎样补救这缺点"的问题,或者免不了要烦闷,要改良,事情就麻烦了。而中国人不大喜欢麻烦和烦闷,现在倘在小说里叙了人生底缺陷,便要使读者感着不快。所以凡是历史上不团圆的,在小说里往往给他团圆;没有报应的,给他报应,互相骗骗——这实在是关于国民性底问题。

二、李公佐的著作

李公佐向来很少人知道，他做的小说很多，现在只存有四种：

（一）《南柯太守传》：此传最有名，是叙东平淳于棼的宅南，有一棵大槐树，有一天棼因醉卧东庑下，梦见两个穿紫色衣服的人，来请他到了大槐安国，招了驸马，出为南柯太守；因有政绩，又累升大官。后领兵与檀萝国战争，被打败，而公主又死了，于是仍送他回来。及醒来则刹那之梦，如度一世；而去看大槐树，则有一蚂蚁洞，蚂蚁正出入乱走着，所谓大槐安国，南柯郡，就在此地。这篇立意，和《枕中记》差不多，但其结穴，余韵悠然，非《枕中记》所能及。后来明人汤显祖作《南柯记》，也就是从这传演出来的。

（二）《谢小娥传》：此篇叙谢小娥的父亲，和她的丈夫，皆往来江湖间，做买卖，为盗所杀。小娥梦父告以仇人为"车中猴东门草"；又梦夫告以仇人为"禾中走一日夫"；人多不能解，后来李公佐乃为之解说："车中猴，东门草"是"申兰"二字；"禾中走，一日夫"是"申春"二字。后果然因之得盗。这虽是解谜获贼，无大理致，但其思想影响于后来之小说者甚大：如李复言演其文入《续玄怪录》，题曰《妙寂尼》，明人则本之作平话。他若《包公案》中所叙，亦多有类此者。

（三）《李汤》：此篇叙的是楚州刺史李汤，闻渔人见龟山下，水中有大铁锁，以人、牛之力拉出，则风涛大作；并有一像猿猴之怪兽，雪牙金爪，闯上岸来，观者奔走，怪兽仍拉铁锁入水，

· 255 ·

不再出来。李公佐为之解说：怪兽是淮涡水神无支祁。"力逾九象，搏击腾踔疾奔，轻利倏忽。"大禹使庚辰制之，颈锁大索，徙到淮阴的龟山下，使淮水得以安流。这篇影响也很大，我以为《西游记》中的孙悟空正类无支祁。但北大教授胡适之先生则以为是由印度传来的（见胡适《西游记考证》）；俄国人钢和泰教授也曾说印度也有这样的故事（钢和泰，学者，沙俄贵族，1917年后曾在北京大学教授古印度宗教学和梵文）。

可是由我看去：作《西游记》的人，并未看过佛经；中国所译的印度经论中，没有和这相类的话；作者吴承恩熟于唐人小说，《西游记》中受唐人小说的影响的地方很不少。所以我还以为孙悟空是袭取无支祁的。但胡适之先生仿佛以为李公佐就受了印度传说的影响，这是我现在还不能说然否的话。

（四）《庐江冯媪》：此篇叙事很简单，文章也不大好，我们现在可以不讲它。

唐人小说中的事情，后来都移到曲子里。如"红线""红拂""虬髯"（红线，明梁辰鱼曾作杂剧《红线女》；红拂，明张凤翼曾作传奇《红拂记》；虬髯，明凌濛初曾作杂剧《虬髯翁》）等，皆出于唐之传奇，因此间接传遍了社会，现在的人还知道。至于传奇本身，则到唐亡就随之而绝了。

《儒林外史》取材的来源

季羡林

在所有的中国长篇小说里，除了《红楼梦》以外，我最喜欢的就是《儒林外史》。平常翻看杂书的时候，遇到与《儒林外史》有关的材料，就随时写下来。现在把笔记拿出来一看，居然已经写了很多。其中有许多条别的学者也注意过，但还有几条是以前任何学者没有注意到的，而这几条据我看对《儒林外史》取材来源的问题又可以给我们许多启示，所以我就在下面抄下来谈一谈。

尤侗《艮斋杂记》说：

箨庵官知府时，终日以围棋度曲自娱。长官讽言曰："闻君署中终日只闻棋声，笛声，曲声，是否？"袁曰："然。闻明公署中终日亦有三声。"长官问何声。袁曰："是算盘声，天秤声，板子声耳。"长官大恚，遂劾之落职。

褚人获《坚瓠集》十集卷一也记载了同一个故事：

又闻先生（袁箨庵）在武昌时，某巡道谓曰："闻贵府衙中有二声，棋子声，唱曲声。"先生对曰："老大人也有二声：天秤声，竹爿声。"某默然。未几先生遂挂弹章。

这两条笔记都记的是袁箨庵一个人的事，大概是根据的事实。

《儒林外史》第八回也有一个相同的故事：

前任泉臬司向家说道："闻得贵府衙门里有三样声息。"王太守道："是哪三样？"蘧公子道："是吟诗声，下棋声，唱曲声。"王太守大笑道："却也有趣得紧。"蘧公子道："将来老先生一番振作，只怕要换三样声息。"王太守道："是哪三样？"蘧公子道："是戥子声，算盘声，板子声。"

这里有两个可能：蘧公子或者就是影射的袁箨庵，或者影射的另外一个人，而吴敬梓却把袁箨庵的故事借来用到他身上。

《随园诗话》卷四说：

古闺秀能诗者多，何至今而杳然？余宰江宁时，有松江女张氏二人，寓居尼庵，自言文敏公族也。姐名宛玉，嫁淮北程家，与夫不协，私行脱逃。山阳令行文关提。余点解时，宛玉堂上献诗云："玉湖深处素馨花，误入淮西估客家，得遇江州白司马，敢将幽怨诉琵琶。"余疑倩人作，女请面试。予指庭前枯树为题。女曰："明府既许婢子吟诗，诗人无跪礼。请假纸笔立吟可乎？"

余许之。乃倚几疾书曰:"独立空庭久,朝朝向太阳。何人能手植,移作后庭芳?"未几山阳冯令来,予问张氏女作何办?曰:"此事不应断离;然才女嫁俗商,不称。故释其背逃之罪,且放归矣。"问何以知其才。曰:"渠献诗云:'泣诉神明宰,容奴返故乡。他时化蜀鸟,衔结到君旁。'"冯故四川人也。

这不完完全全就是《儒林外史》第四十回和第四十一回写的女诗人沈琼枝吗?

《酉阳杂俎》卷一说:

天宝末,交趾贡龙脑,如蝉蚕形。波斯言,老龙脑,树节方有。禁中呼为瑞龙脑。上唯赐贵妃十枚。香气彻十余步。上夏日尝与亲王棋,令贺怀智独弹琵琶。贵妃立于局前观之。上数子将输,贵妃放康国子于坐侧,子乃上局,局子乱,上大悦。时风吹贵妃领巾于贺怀智巾上,良久回身方落。贺怀智归,觉满身香气非常,乃卸幞头,贮于锦囊中。及上皇复宫阙,追思贵妃不已,怀智乃进所贮幞头,具奏他日事。上皇发囊泣曰:"此瑞龙脑香也。"

《儒林外史》第五十三回也有一个类似的故事:

陈木南又要输了。聘娘手里抱了乌云盖雪的猫,望上一扑,那棋就乱了。

这同杨贵妃的故事完全一样。我不相信，这是偶合。我觉得这是吴敬梓有意的借用。

以上一共举了三个例子。仅就这三个例子说，我觉得我们就应该把自来对《儒林外史》取材来源的看法修正一下了。一般人都以为《儒林外史》里的人物大都是实有其人，上元金和的《跋》就开了一个名单。以后别人也做过同样的推测。我不否认，书中人物有很多是影射的真人；但倘若说，人既然是真的，事情也就应该是真的，这就有了问题。张铁臂的故事完全抄自《桂苑丛谈》，这别的学者也已经指出来过。我们在上面第三个例子里又指出来聘娘的故事抄袭的杨贵妃的故事。这只是两个例子，实际上《儒林外史》借用以前笔记或小说的地方绝不会就只是这两处。

从这里我们可以看出来，吴敬梓并不真是想替这些儒林里的人物立传，他是在作小说，同别的小说家一样。在以前的小说或笔记里，只要看到有用的材料，他就搜集起来，写到他自己的书里。倘若读者真正相信这书里所写的都是实有其人，实有其事，听了金和的话到雍乾间诸家文集里去搜寻，那就会徒劳无功了。

书画琴棋诗酒花

南怀瑾

讲小的方面,个人文与质的关系。

有些人有天才,本质很好,可惜学识不够,乃至于写一封信也写不好。在前一辈的朋友当中,我发现很多人了不起。民国建立以后,在政治上、经济上、社会上各方面有许多人都了不起。讲才具也很大,对社会国家蛮有贡献,文字虽然差点,可是也没有关系,他有气魄、有修养。

另一些人文章作得好,书读得好,诸如文人、学者之流。我朋友中学者、文人也很多,但我不大敢和他们多讨论,有时候觉得他们不通人情世故,令人啼笑皆非。反不如有些人,学问并不高,文学也不懂,但是非常了不起,他们很聪明,一点就透,这是"质"。

再说学问好的文人,不一定本质是好的。举个前辈刻薄的例子,像蒋士铨骂陈眉公的一首诗,一看就知道了。这首诗说:"装点山林大架子,附庸风雅小名家。终南捷径无心走,处士虚声尽力夸。獭祭诗书称著作,蝇营钟鼎润烟霞。翩然一只云中鹤，飞去飞来宰相衙。"陈眉公是明末清初的一个名士，也就是所谓才子、文人。文章写得好，社会上下，乃至朝廷宰相，各阶层对他印象都很好。可是有人写诗专门骂他："装点山林大架子"，所谓装点山林是装成不想出来做官，政府大员请他出来做官，他不干。真正的原因是嫌官太小了不愿做，摆大架子，口头上是优游山林，对功名富贵没有兴趣。

"附庸风雅小名家"，会写字、会吟诗，文学方面样样会，附庸风雅的事，还有点小名气。"终南捷径无心走"，朝廷请他出来做官都不要做，真的不要吗？想得很！"处士虚声尽力夸"，处士就是隐士，他自己在那里拼命吹牛，要做隐士。

"獭祭诗书称著作"，獭是一种专门吃鱼的水陆两栖动物，有点像猫。它抓到鱼不会马上吃，先放在地上玩弄，而且一条一条摆得很整齐，它在鱼旁边走来走去玩弄，看起来好像是在对鱼祭拜，所以称作"獭祭"，它玩弄够了再把鱼吃下去。这里的借喻，是说一个人写诗作文章，由这里抄几句，那里抄几句，然后组合一下，整齐地编排在一起，就说是自己的著作了。骂他抄袭别人的文章据为己有。

"蝇营钟鼎润烟霞"，这是说他爱好古董，希望人家送他，想办法去搜罗。"蝇营"，是像苍蝇逐臭一样去钻营，人家家里唐伯虎的画，赵松雪的字，等等，想办法弄来，收藏据有。"翩然一只云中鹤"，这是形容他的生活方式，看看多美！"翩然"，自由自在的，功名富贵都不要，很清高，飞翔在高空中的白鹤一样。"飞去飞来宰相衙"，这完了！当时的宰相很喜欢他，既然是那么清高的云中鹤，又在宰相家飞来飞去，所为何事？可见所谓当处士，不想功名富贵等都是假的。所谓文章学问都是为了功名富贵，如此而已！

  这一首诗，就表明了一个人对于文与质修养的重要。人不能没有学问，不能没有知识，仅为了学问而钻到牛角尖里去，又有什么用？像这样的学问，我们不大赞成。文才好是好，知识是了不起，但是请他出来做事没有不乱的，这就是文好质不好的弊病。一定要文质彬彬，然后君子。就是这个道理。